詩のオデュッセイア

ギルガメシュからディランまで、
時に磨かれた古今東西の詩句・四千年の旅

高橋郁男
Takahashi Ikuo

コールサック社

詩のオデュッセイア

——ギルガメシュからディランまで、時に磨かれた古今東西の詩句・四千年の旅

目次

詩のオデュッセイア

――ギルガメシュからディランまで、時に磨かれた古今東西の詩句・四千年の旅

高橋郁男

はじめに

——人生は一行のボオドレエルにも若《し》かない。

芥川龍之介が遺《のこ》したこの一行に惹《ひ》かれながら、そこまで言いきるものかとも思った遠い日から約半世紀の時が流れた。この一行と、後に私の中に浮かんだ左の一行との間を、行きつ戻りつの半世紀でもあった。

ボードレールは一粒の米麦にも若かない。

ともあれ、芥川の一行は、近代詩の祖とされる十九世紀フランスの詩人の格別の重みを知るきっかけになっただけではなく、古今東西の詩句や詩的な文章世界への入り口にもなった。以後、その世界を多少なりとも見聞してきて思うのは、詩作とは、いわば人と時代の営みの本質を一行で示そうとする試みではないかということだ。長行の詩であっても、究極の一行に辿《たど》りつこうと苦心し、手立てを尽くしているようにみえる。そして、古代の哲人で詩の世界にも通じていたプラトンが述べた、神の啓示を人界に伝える媒体・メディアになろうとする試みにもみえる。

これらは、かなり難しい試みで、成功する見込みは大きくはない。これまでに世界中で書かれてきた数多《あまた》の詩句は、その試行と挫折の記録と言えるかもしれない。しかしながら、そのおびただしい記録の中には、果敢な挑戦の結果だからこその潔さと独特の懐かしさを感じさせるものが、かなりある。苦戦が見込まれる戦場に向かって敢えて歩を進め、闘い、そして倒れる。そうした営為は、時空を超えて人の心を打つのだろう。

本書では、紀元前のギルガメシュ、詩経やホメーロスの世界から、唐詩、万葉、ダンテ、シェークスピア、芭蕉、ゲーテ、ボードレール、ランボー、白秋、朔太郎、賢治、エリオット、オーデンらを経てボブ・ディランの辺りに至るまで、時《とき》に磨かれた東西の詩句を年代に沿って辿り、寸感を添える。それによって、同じ年や同じ時代に、この星でどのような詩が生まれていたのかが横断的に見えてくる。そして、時に連れて変わり、また変わらなかったものの姿も浮かび上がってくる。詩句に限らず、詩情・ポエジーを備えた散文や詩論の一節も編み込んでゆく。

人類が、太古の時代から今に至るまでの「時の海原」を遍歴してきたのだとすれば、人々の詩の業もまた、その大海を遍歴してきたと言えるだろう。様々な時代の波にもまれて現代詩にまで至った遍歴の軌跡は、ホメーロスが詠った長大な遍歴の叙事詩「オデュッセイア」の世界をも連想させる。

これは細《ささ》やかな一書に過ぎないが、人類が綴ってきた詩業・約四千年の遍歴をそれなりに辿るという思いから、表題を「詩のオデュッセイア」とした。

第一章　太古から古代ギリシャ・ローマへ

この宇宙が、ビッグ・バンという大爆発で始まってから百数十億年になるという。もしそうだったとしても、その大爆発の前には何がどうなっていたのかという問いは残る。

ともあれ、ビッグ・バンから百億年ほどたった頃に、この地球が現れたのだという。やがて、そこに生命が宿る。そして、つい何百万年か前に人類の祖先が出現する。彼と彼女らが言い交わす声や叫びが言《こと》の葉となり、地上に長く響き渡った末に、ようやく文字として書きとめられていった。

文字で記された人類最古の詩句が、中東のメソポタミアにあると知られるようになったのは、わずか百余年前の現地での発掘・発見の後からだった。それまでの西欧中心の世界では、古代ギリシャのホメーロスの叙事詩が最古とみられていた。これからも、いつどこで、より古い文字が見出されるかは分からないが、今では、ホメーロスより古い記述がメソポタミアに限らず、古代のエジプトやインド、中国などにもあったことが知られている。当然のことながら、人類は、それぞれの地で、それぞれの思いをそれぞれの文字に託して記述していた。

しかし、多少の後か先はともかく、伝・ホメーロスの世界が人類の詩的表現の豊かな源泉の一つだったことに変わりはない。ギリシャはその後も優れた詩や詩劇を生み、哲学のような文芸も栄えたが、やがてローマが強大な軍事力で地中海世界を支配した。そしてその大帝国も、厳しく迫害していたキリスト教を公認するようになり、この宗教の隆盛とは裏腹に衰退し、分裂してゆく。日本列島では縄文から弥生にかけての時代にあたるが、日本固有の文字による記述は見つかっていない。

以下に引用する詩句の成立年代や詩人等の生没年については未詳のものも多く、伝承ないしは一説にというものも含まれている。

▼「ギルガメシュ叙事詩」（古代メソポタミア　西暦紀元前二千年頃か）

すべてのものを国の〔果てまで〕見たという人
〔すべてを〕味わい〔すべてを〕知っ〔たという人〕
〔　　　〕とともに〔
知恵を〔　　　〕、すべてを〔　　　〕した人
〔秘〕密を彼は見、隠されたものを〔彼は得た〕
洪水のまえに彼はその知らせをもたらした
彼は遙かに旅し、疲れ〔果てて帰り着い〕た

——

家を打ちこわし、船をつくれ
持物をあきらめ、おまえの命を求めよ
品物のことを忘れ、おまえの命を救え
すべての生きものの種子を船へ運びこめ

六日〔と六〕晩にわたって
風と洪水が押しよせ、台風が国土を荒らした
七日目がやって来ると、洪水の嵐は戦いにまけた

空模様を見ると、静けさが占めていた
そしてすべての人間は粘土に帰していた

私は漕ぎくだり、坐って泣いた
涙が私の顔を伝わって流れた
私は海の果てに岸を認めた

『ギルガメシュ叙事詩』（矢島文夫訳　ちくま学芸文庫）

◇物語の「遺跡」
チグリス、ユーフラテス川の流域に栄えた古代メソポタミアの、楔形《くさびがた》文字で記された「人類最古の物語」とされる。英雄であり暴君でもあったギルガメシュが、神が泥から造り上げたエンキドゥや怪物フンババと闘いながら、永遠の生命を求めて遍歴する。この「最古の物語」が、男と女の愛と確執

や権力闘争、不老不死へのあこがれといった現代に通ずる普遍的なテーマを備えているところが、数千年の時を超えて、新しい。

出土した粘土板は、かつてあったはずの文字が欠けてしまったものが多かった。〔〕や、〔〕の中の推察文の多さからは、楔形文字の解読や訳出での労苦がしのばれる。そして、こうした欠落部には、世界各地の古代の遺跡に身を置いて、失われてしまった箇所のかつての姿形を思い浮かべている時に感じられる「永遠の空白」のような深い味わいがある。いわば、この叙事詩そのものが物語の「遺跡」であり、「廃墟」となった物語である。

大洪水のくだりは、旧約聖書のノアの箱舟や、古代インドの叙事詩・マハーバーラタのマヌの箱船等に通ずるところがある。

▼「二人兄弟の話」（古代エジプト　前千四百年前後か）

さて、太陽が沈み、毎日のならわしのように弟が野のいろいろな草をかついで帰って来ました。先頭の牝牛が小屋へ入るとき、それが主人に言いました。

「気をつけなさい。兄さんがあそこに立っていて、槍であなたを殺そうと待っていますよ。お逃げなさい。」

彼には先頭の牝牛が言っていることがわかりました。次の牝牛が入って来て同じことを言いました。
『古代エジプトの物語』（矢島文夫編　現代教養文庫）

◇動物たちが語り始める

兄が、槍を構えて弟を待ち伏せするという異様な事態に至るまでには、弟と兄嫁との危ない絡みがあった。弟は兄夫婦と同居している。ある日、兄嫁が弟を誘惑しようとして拒絶される。夫に告げ口されるのを恐れた彼女は、弟が自分に暴行しようとしたなどと嘘を言う。それを真に受けた兄が、槍を持ち出して……。

古来、兄と弟にまつわる物語は多い。この古代エジプトのパピルスに記された物語では、人の心情の弱いところを突いてくる筋書きの冴えもさることながら、飼い牛が口を開いて弟に警告を発し、弟がそれを理解するという、生き物と人間との対話の成り立ちが印象深い。この『古代エジプトの物語』に収録されている「難破した船乗りの話」という物語にも、人語を話す蛇が登場する。それらは、母なるナイルとピラミッドの世界から時空を超えて、鳥や狐や熊、そして森、山までが口を開く、あの宮沢賢治の世界への繋がりをも想起させる。

▼「リグ・ヴェーダ」（古代インド　前千二百年前後か）

・天地両神の歌
天地両神は万物に幸いし、天則を守り、空界の賢者（太陽）を維持す。うるわしきもの生む神聖なるこの両界のあいだを、清浄なる神太陽は、掟《おきて》に従って進む。

両親（天地）の子、車に駕し、浄化の力ありて賢明なるもの（太陽）は、その奇《く》しき力もて万物を清む。彼は、斑《まだら》ある牝牛（地）と善き種子ある牡牛（天）とより、つねにその澄み輝く液（雨）をしぼる。

・宇宙開闢の歌
その時（太初において）、無もなかりき、有《う》もなかりき。空界もなかりき、そを蔽う天もなかりき。

その時、死もなかりき、不死もなかりき。夜と昼との標識（日月星辰）もなかりき。

『インド文明の曙』（辻直四郎　岩波新書）

◇インドの最古の文献
リグ（讃歌）・ヴェーダ（知識）は、古代インド・バラモン教の聖典の中心を成す。ここに引いたように、天、地、太陽などの大自然や自然現象を神格化し、その神々に捧げた宗教的な讃歌だが、雨は太陽が天と地によってしぼった澄み輝く液、と述べるくだりなどは詩的でもある。そして、宇宙開闢の歌の方には、あのビッグ・バンが起きる以前の宇宙の姿への連想を誘《いざな》うような力強さがある。

▼**「詩経」**（古代中国　前千年以降か）

采葛《さいかつ》

彼采葛兮　葛《くず》をとろうよ
一日不見　一日あわねば
如三月兮　三月の思い
彼采蕭兮　蕭《よもぎ》とろうよ
一日不見　一日あわねば
如三秋兮　三秋の思い
彼采艾兮　艾《もぐさ》とろうよ
一日不見　一日あわねば

如三歳兮　　三とせの思い

何《か》艸《そう》不《ふ》黄《こう》

何艸不黄　　いずれの草も黄色く枯れぬはなく
何日不行　　いずれの日も旅ゆかぬ日とてはない
何人不將　　いずれの人もひき出だされて
經營四方　　四方《よも》の征役《えだち》に従わぬはない
何艸不玄　　何《いず》れの草も玄《くろ》く枯れぬはなく
何人不矜　　いずれの人も矜《あわ》れならぬものはない
哀我征夫　　哀《かな》しわれら征夫《えだちびと》
獨爲匪民　　ことさらに民とも扱われず

『新釈　詩経』（目加田誠　岩波新書）

◇漢字の、類稀《たぐいまれ》な生命力

古代中国に生まれた漢字は、幾つもの時代の大波を被りながらも、生き続けてきた。他の古代文字の多くが、時の海に流され、消えてゆく中、その際立った生命力によって、中国と周囲の国々に漢字文化圏をつくりあげた。

一　三　日　月　見　何　人

「詩経」は、約三千年前頃からの詩の集成で、孔子が編んだとの伝えもあるが、そこに記された幾つかの馴染み深い文字を見つめるだけでも、その意味を伺い知ることができる。もちろん、ここに引用した二つの詩に込められているような素朴で率直な古代人の思いの襞《ひだ》は、達意な邦訳によってはじめて味わえるものではあるが。「詩経」は、漢字が日本人にとっても長く懐かしい道連れであったことを「体感」することのできる、古代の世界ではまことに貴重な詩集といえる。

▼ホメーロス「イーリアス」（古代ギリシャ　前八百年頃）

さながらに、ざわめき渡る浜の渚に　うち寄せる大海《おおうみ》の波が、
揺りおこす西風のもとに　次から次へと湧きあがるよう――
海原をはるか　まず浪頭《なみがしら》が立つと見え、それから今度は
陸《おか》へと寄せて砕けつつ　高らかに鳴りとどろく――
――

まことに、この地上に息づき、蠢《うごめ》き歩くかぎりの生類《しょうるい》、
全《すべ》ての中にも、人間ほど憐《あわ》れに惨《いたま》しいものはない――

『イーリアス』(呉茂一訳　岩波文庫)

◇ヨーロッパ文学の源流

このすぐ後に引用する「オデュッセイア」と共に、欧州文学の源とされる長編の叙事詩。ギリシャの大軍が、今のトルコの西端の城砦都市・トロイア（トロイ）を攻めた十年に亘る戦争の最末期が、両軍それぞれに肩入れする神々の思惑や仕業を交えつつ、雄渾に詠われてゆく。

ホメーロスは、紀元前八世紀ごろのギリシャ人で、各地を遍歴した盲目の吟遊詩人とも伝えられる。しかし、本当にこの二大叙事詩の作者だったのかどうかも含めて、確証はない。

トロイ戦争は、紀元前十三世紀ごろに起こったとされる。ドイツのシュリーマンが、約三千年後の十九世紀になって、トルコのヒッサリクの丘で「トロイの遺跡」を発掘したという。

以前、その丘を訪れ、「イーリアス」に詠われた「ざわめき渡る浜の渚」とおぼしき辺りを見渡した時、この人類最古の文学の一つの主題が他ならぬ「戦争」であったことに、人の世と戦《いくさ》との因縁の深さを改めて思い知らされた。そして、伝承のトロイ戦争が、あの美神アフロディテーをはじめとする天上の女神たちの間の容色の争いという、まことに人間的な振る舞いに端を発し、天と地が一体となって壮大な物語を織りなしてゆくことに、古《いにしえ》のギリシャ世界のおおらかさをも感じたことだった。

▼ホメーロス「オデュッセイア」（古代ギリシャ　前八百年頃）

あの男の話をしてくれ、詩の女神《ムーサ》よ、術策に富み、トロイアの聖《とうと》い城市を攻め陥してから、ずいぶん諸方を彷徨《さまよ》って来た男のことを。

——

——叢雲を寄せるゼウスは北の風を、
おそろしい勢の突風もろとも起しなさって、群がる雲で
大地も大海原もひとしく蔽いかくすほどに、大空から夜《よる》が湧きおこった——

『オデュッセイアー』（呉茂一訳　岩波文庫）

◇人生行路の長い遍歴

あの男・オデュッセウスとは、長い戦争の末にトロイアを陥落させた「木馬作戦」の企みで知られるギリシャ軍の知将。戦勝の後、故郷イタケーへの帰路で様々な危険や誘惑に遭い、それらをくぐり抜けながら十年がかりでようやく帰り着く。トロイアへの出征の日からは既に二十年。この間、妻のペーネロペイアには、多くの男たちが言い寄っていた……。

現代の「トロイの遺跡」の一画には、巨大な模型の木馬が置かれていた。高さは一〇メートルほどあった。古代詩の世界で想像していたトロイの木馬が、現実の姿形をとってそこに立ち現れると、当

然のことながら詩情は消え失せ、人工的な作り物の情けなさが際立ってしまう。模型の木馬の辺りだけは、現代の遊園地風に見えた。

オデュッセウスの「諸方への彷徨《さまよい》」の方は、木馬とは違って、模型を作って現実に示すことは難しい。その故に、彼の数奇な遍歴は、読む者の想像の世界でいつまでも詩情を生み続ける。そしてその遍歴が、人生というそれぞれの長い航海での様々な出来事との遭遇の繰り返しと重なってくる。オデュッセイア（オデッセイ）が、時代や国家、民族の違いなどを超えて、普遍的な人生行路を表す言葉として広く使われるようになったのも頷ける。

ホメーロスの二大叙事詩が成立したとみられる前八世紀頃、イタリア半島では、あのローマが建国されたと伝えられている。

▼ヘシオドス「神統紀」（古代ギリシャ　前七百年頃）

かつて聖いヘリコーン山麓で羊らの世話をしていたこの（わたし）ヘーシオドスに麗《うる》わしい歌を教えてくれたのは彼女たち――そして育ちのよいオリーブ樹の若枝を手折り、（その若枝を）みごとな杖としてわたしに与えた。そしてわたしの（身の）うちに神の声を吹きこんだ、これから起こることがらと昔起こったことがらを誉め歌わせるために。

——
まず原初に、カオスが生じた、さて次に〔雪を戴くオリュンポスの山頂に宮居するすべての不死の神々の〕常久《とこしえ》に揺ぎない座なる胸幅広い大地《ガイア》と路広《みちびろ》の大地の奥底にある曖曖《あいあい》たるタルタロス、さらに不死の神神のうちでもことのほかに美しいエロスが生じた、この神は四肢の力をゆるめ、すべての神神とすべての人間どもの胸うちの心《ノオオス》と考え深い思慮《ブーレー》をうち拉《ひし》ぐ。

『ギリシア思想家集』（「神統記」広川洋一訳　筑摩書房）

◇「わたし」の出現

どこの誰だったのかが明確に示されないホメーロスと違って、ヘシオドスは、どこの誰かを自ら名乗っている。はっきりと「わたし」を表に出して詠う形をとっている。

ギリシャ本土のヘリコーン山麓で羊飼いをしていて、歌女神《ムーサイ》たちから啓示を受けたと宣言する。そして、ギリシャ神話の神々の原初からの系統を述べてゆく。

エロスという美神のすさまじい力を述べるくだりは、詩的でありつつ論理性もあって、不思議な説得力を備えている。

▼サッフォー（古代ギリシャ　前六百年頃か）

夕星《ゆうずつ》は、
かがやく朝が（八方に）散らしたものを
みな（もとへ）連れかへす。
羊をかへし、
山羊をかへし、
幼《おさ》な子をまた　母の手に
連れかへす。

――

死ぬのは　凶いこと、
神様たちも　さうきめて　いらつしやる、
さもなくば、みな　死なれたらう筈。

『ギリシア・ローマ抒情詩選』（呉茂一訳　岩波文庫）

◇古代詩に膨《ふく》らみを加える

雄渾、勇壮、荘重などと形容される古代ギリシャ詩の世界にあって、女性の詩人サッフォーは、人の生や心情の機微を詠む抒情詩という膨らみと襞《ひだ》をもたらした。

「死ぬのは……」の一句のように、権威の前にひたすら畏まることなく、さらりと本音を言い当てる才知とユーモアが光る。それにとどまらず、夕星（宵の明星・金星）の歌のように、宇宙と人間と時間との交響を、平明で、しかもスケールの大きなダイナミズムをもって描く類稀な術をも備えている。

二世紀ほど後、あのプラトンは彼女を「十番目の詩女神《ムーサ》」と讃えた。

詩女神《ムーサ》らは、数え上げれば
九柱おいでだ、などと
言う人もあるが、
何と迂闊な！
ほれ、レスボスのはぐくんだ
あのサッフォーに
お気付きなさらぬか、
あれこそは十番目の詩女神《ムーサ》なるものを。

『サッフォー　詩と生涯』（沓掛良彦　平凡社）

後世、彼女が生まれ育ったとされるエーゲ海の島・レスボスが、転じて女性の同性愛を意味するようになった。一方で、美青年との失恋の痛手に耐えかねて、海に身を投げたという説も残した。今もなお、妖しく典雅な謎の衣を翻しつつ、地中海の伝説の世界に佇んでいる。

二十一世紀になって、トルコに近いレスボスにはシリアなどからの夥しい難民がギリシャ・西欧をめがけて押し寄せ、国際社会の厳しい現実を映す島となった。

▼旧約聖書「創世記」（前五世紀頃までに成立か）

初めに、神は天地を創造された。地は混沌《こんとん》であって、闇《やみ》が深淵《しんえん》の面《おもて》にあり、神の霊《れい》が水の面を動いていた。神は言われた。

「光あれ。」

こうして、光があった。神は光を見て、良しとされた。

――

神は御自分にかたどって人を創造された。

神にかたどって創造された。

男と女に創造された。

神は彼らを祝福して言われた。

「産めよ、増えよ、地に満ちて地を従わせよ。海の魚、空の鳥、地の上を這《は》う生き物をすべて支配せよ。」

——

地の面《おもて》にいた生き物はすべて、人をはじめ、家畜、這うもの、空の鳥に至るまでぬぐい去られた。彼らは大地からぬぐい去られ、ノアと、彼と共に箱舟にいたものだけが残った。水は百五十日の間、地上で勢いを失わなかった。

『聖書　新共同訳』（日本聖書協会）

◇スーパー・ベスト・セラー

旧約聖書には、詩的な表現が随所にみられる。これほどまで長く世界中で読まれ、膨大な部数が刷られ続けてきた理由は、大宗教の聖典というだけではなく、信徒以外にも訴えてくるだけの豊かな詩情を湛えていたからだろう。後代の詩人らにも数多の霊感・インスピレーションをもたらした。

聖書については、文語訳への支持も根強いと聞く。

二〇一五年刊の岩波文庫『文語訳　旧約聖書Ⅰ』から創世記の冒頭部分を引く。

元始《はじめ》に神天地《かみてんち》を創造《つくり》たまへり　地《ち》は定形《かたち》なく曠空《むなし》くして黒暗《やみ》淵《わだ》の面《おもて》にあり神《かみ》の霊水《れいみづ》の面《おもて》を覆《おほ》ひたり

き　神光《かみひかり》あれと言《い》ひたまひければ光《ひかり》ありき　神光《かみひかり》を善《よし》と観《み》たまへり

▼「マハーバーラタ」（古代インド　前五～四世紀以降か）

・森の巻「マヌの箱船」　人類の祖の一人・マヌが、河辺で一匹の魚に頼まれて掬いあげ、命を助けてやる。やがて、魚はその御礼にと、大洪水から逃れる術をマヌに伝える、というくだり。

実は、この世界の消滅がもうすぐ始まろうとしているのだよ。この地上の一切のものが一掃される時が近づいているのだ――直ちに頑丈で巨《おお》きな箱船を作り、長いロープを結えつけなさい。そしてあらゆる種類の種子を集め、それと一緒に七人の聖仙《リシ》と船に乗り込むのだ――やがて世界は涯《はて》もない洪水の海に沈み、マヌたち以外何も見えなくなった。

『マハーバーラタ』（山際素男・編訳　三一書房）

◇「最大」の叙事詩

全十八編・十万頌にものぼる詩句の連なりは、世界最大の規模という。この、大洪水を巡る一節は、メソポタミアのギルガメシュ叙事詩の箱船や、旧約聖書のノアの箱舟、さらにはギリシャ神話のゼウスによる洪水伝説とも響きあう。世界最大のユーラシア大陸全体の途方もない広がりからみれば、その南の方に寄り添い、隣り合って位置するインドから中東、東地中海にかけての国々の「地続き感」のようなものが伺える。

▼釈迦（古代インド　生没年は前六〜四世紀に諸説あり）

寒さと暑さと、飢《う》えと渇《かつ》えと、風と太陽の熱と、虻《あぶ》と蛇と、——これらすべてのものにうち勝って、犀の角のようにただ独り歩め。

妻子も、父母も、財宝も穀物《こくもつ》も、親族やそのほかあらゆる欲望までも、すべて捨てて、犀の角のようにただ独り歩め。

音声に驚かない獅子《しし》のように、網にとらえられない風のように、水に汚《けが》されない蓮《はす》のように、犀の角のようにただ独り歩め。

『ブッダのことば——スッタニパータ』（中村元訳　岩波文庫）

◇原初の仏陀の教え

数ある仏教書のうち最も古い聖典で、「スッタ」は「たていと・経」、「ニパータ」は「集成」の意味という。仏陀本人の言説を、生々しく今に伝えている。中村氏によれば、「ここに現われる修行僧たちは、樹下石上に坐し、あるいは岩窟の中に住むというありさまで、大寺院の中には住んでいない。せいぜい庵り（ａｓｓａｍａ）に住んでいた程度である。つまり大寺院がつくられる以前の段階を示している」。

仏教に限らず、宗教は、その隆盛に連れて、小さな庵《いおり》を離れ巨大な寺院の造営へと向かう傾きがある。大伽藍は人を大きく包み込みつつ、人を圧する。その中にありながらも、庵や樹下石上の時代の原初的で清貧な精神を持ち続けるのは至難なことだろうと想像する。

▼ピンダロス（古代ギリシャ　前五二〇頃〜四四〇頃か）

・オリュンピア祝勝第八歌

黄金の冠を戴く競技の母オリュンピアよ、

　真実の女王よ！

・ピュティア祝勝第八歌

つかの間に人の喜悦は生い育つ。しかし願いをくじく神の意志に揺すられれば、
それはまたつかの間に地へ堕ちる。

はかない定めの者たちよ！　人とは何か？　人とは何でないのか？　影の見る夢
――それが人間なのだ。

『祝勝歌集／断片選』（内田次信訳　京都大学学術出版会）

◇古代オリンピックの讃歌

古代のオリンピックは紀元前八世紀にオリュンピアで始まり、千年以上も続いたという。長い中断の後、十九世紀末に近代五輪としてアテネで再開された。二〇〇四年に再びアテネで開かれた際、授与される金、銀、銅のメダルの裏に、このピンダロスの「オリュンピア祝勝第八歌」の一節が刻まれた。

ピュティア競技会の方は、アポロン信仰の中心地デルポイ（デルフォイ）で開かれていた。

アテネの西方のパルナッソス山麓にあるデルポイは、ゼウスが世界の東西の果てから二羽の鷲を放ったところ、この地で出会ったことから世界の中心とされたとの伝承がある。現代のデルポイの考古学博物館の入り口には、「大地のへそ石」が置かれている。

デルポイは、あの「ソクラテス以上の賢者はいない」という神託でも知られる。口を小さく開いて、神託を発しようとするかのような若々しい巫女の姿は、ルネサンスの巨匠ミケランジェロによって、ローマ・バチカンのシスティーナ礼拝堂の天井画に描かれた。

ここに引用した「人とは何か」の一節は、レスリングの優勝者を誉め讃える長い詩の末尾近くに出て来る。賛辞の連なりの果てに現れる人間存在への省察が、詩を引き締め、奥行きを与えている。

▼ソフォクレス（古代ギリシャ　前四九六頃〜四〇六）

不思議なものは数あるうちに、
人間以上の不思議はない、
波白《しら》ぐ海原をさえ　吹き荒れる南風《はえ》を凌《しの》いで
渡ってゆくもの、四辺《あたり》に轟ろく
高いうねりも乗り越えて。
神々のうち　わけて畏《かしこ》い、朽ちせず
撓《たゆ》みを知らぬ大地まで　攻め悩まして、
来る年ごとに、鋤《すき》を返しては、

馬のやからで　耕しつける。

ごらんのように、祖国の町の市民の方々、最後の道を辿る私、太陽の最後の光を仰ぎながら——もう二度とは見られない日の。もう私を、あらゆるものを休らわす冥府《よみ》の主が、生きながら三途《さんず》の川の岸辺へと、連れていくのです。婚礼の祝いも歌ってもらえず、花嫁を迎える詞《ことば》も誰一人いう者もなく、三途の主に迎えられて。

『ギリシア悲劇全集』「アンティゴネー」（呉茂一訳　人文書院）

◇「黄金の時代」の詩劇の競演

今の暦でいう紀元前五世紀は、都市国家アテナイにとっては栄光の極みの時代だった。攻め込んでくるペルシャ軍を打ち破ってエーゲ海の盟主として君臨し、栄えた。ペリクレスの下で、後代の数多の大建築の手本となるパルテノン神殿を造営し、その足下のディオニュソス劇場では、詩的な悲劇や喜劇が盛んに上演された。それらの演目の幾つかは、現代に至るまで世界で繰り返し演じられている。

生年の順に、アイスキュロス、ソフォクレス、エウリピデスが、この「黄金の時代」の三大悲劇作家とされる。ソフォクレスの「アンティゴネー」は、ギリシャ神話をもとにした戯曲。オイディプスの娘のアンティゴネーが、国王の禁令にそむいて兄の亡骸を葬ったことで咎めを受け、幽閉された岩屋で首を吊って自害する。その許嫁だった国王の息子も、その母の王妃までもが後を追って死に絶える……。

「不思議なものは……」の詩は、ギリシャ劇につきもののコロスと呼ばれる合唱隊が詠う。人間の多様な営みと自然や生き物たちとの関わりを詩的に述べつつ、文明の光と影をも顧みる。

「ごらんのように……」の方は、死に場所の岩屋に引き立てられてゆくアンティゴネー自身による哀歌。父オイディプスが、そうとは知らずにその父親を殺め、また、母親とは知らずに交わって自らが生まれたという苛酷な宿命を背負って生きてきた人間の、今わの際の絶唱ともいえる。

ここで、試みに、遙かに時空を旅して、紀元前四〇六年のアテナイに辿り着いたとする。年頭に、北方のマケドニアから訃報が届く。悲劇「トロイアの女」の詩人、エウリピデスが客死・享年七十四。その死を悼んで、九十代に達した長老・ソフォクレスがディオニュシア祭の舞台に黒衣で登場し、市民と共に落涙する。

既に四半世紀も続いている、宿敵スパルタとのペロポネソス戦争に出征し、「戦史」を著したツキディデスは、追悼の詩を詠む。

——ギリシアの全土は　エウリーピデースが碑《いしぶみ》、その骨をマケドオンの邦《くに》こそ保て、其の地に生を終《よ》へしがゆゑ。
さて、故郷《ふるさと》はギリシアの中のギリシアなるアテーナイ、詩神によつて
諸人をこよなく楽しませ、彼等よりもまた讃頌を　与へられつ。

盛夏。

晴れ渡った日の日ざかりに、初老のソクラテスが、アテナイ郊外のイリソス川のほとりで、パイドロスに物語《ミュートス》を語り、教えを説く。

蟬しぐれの中、プラタナスの梢を揺らして、エーゲ海からの風が吹き抜ける。

悲劇を書いて賞を競おうとしていた二十歳のプラトンが、ディオニュソス劇場の前でソクラテスに遭い、諫められ、詩作品を火中に投じて哲学の徒になったのは、去年のことだったか……。


秋。

トロイアの古戦場に近いエーゲ海での海戦で、自軍がスパルタ軍を破る。しかし、沈む友軍の兵を救助しなかったことで将軍らが咎められ、罪に問われる。法に則って個別に裁くべきところを一括裁判に付したことに、ソクラテス独りだけが反対する。

そしてこの年、ソフォクレスが逝き、二年後にアテナイはスパルタに降伏、七年後にはソクラテス

が刑死する。

ギリシャに、喜劇のアリストファネスや医術のヒポクラテス、原子論のデモクリトスも居合わせた、詩・文芸、科学の豊饒の極みであり、後の衰退への分水嶺ともなった紀元前四〇六年へ、次の訳書等を頼りの杖とし、また想像の翼にして、一時の旅をした。

『ギリシア悲劇全集』（人文書院）、『プラトン全集』（角川書店）、『ギリシア・ローマ抒情詩選』、『パイドロス』、『蛙』、『ギリシア哲学者列伝』（以上・岩波文庫）

▼プラトン（古代ギリシャ　前四二七〜三四六など）

――翼というものが本来もっている機能は、重きものを、はるかなる高み、神々の種族の棲《す》まうかたへと、翔《か》け上らせ、連れて行くことにあり、肉体にまつわる数々のものの中でも、翼こそは最も、神にゆかりある性質を分けもっている。神にゆかりある性質――それは、美しきもの、智なるもの、善なるもの、そしてすべてこれに類するものである。したがって、魂の翼は、特にこれらのものによって、はぐくまれ、成長し、逆に、醜きもの、悪しきもの、そしていま言ったのと反対の性質をもったもろもろのものは、魂の翼を衰退させ、滅亡させる。

『パイドロス』（藤沢令夫訳　岩波文庫）

人生は一種の外国暮しのようなものであって、ほどほどに暮したら、凱歌は奏さずとも、ただ機嫌よく、しかるべきところへ帰って行くべきものである。

美しい詩歌は、人間わざでも、人間のものでもなく、神授のものであり、神々のものである。そして詩人は、神意をとりつぐ神々の取りつぎ人にほかならない。

――詩人というのは軽やかで、翼をもち、神的な生きものであり、そして霊気を吹き込まれ、我を忘れて熱狂し、もはや彼のうちに理性が存在しなくならないうちは詩を作ることができないからだ。つまり何びとも、理性という持ちものがその人の内にあるかぎりは詩作は不可能であり、また託宣をつたえることもできないのだ。

『ギリシア詩文抄』(北嶋美雪・編訳　平凡社ライブラリー)

◇詩人から哲人へ

二十世紀に至って、イギリスの哲学者ホワイトヘッドは、こう述べた。

――ヨーロッパの哲学の伝統についての最も確かな一般的な特性描写は、それがプラトンについての一連の脚注から成り立っている、ということである。

田中裕『ホワイトヘッド――有機体の哲学』講談社

それほどまでに大きな存在であり続けた哲人プラトンは、詩についても述べている。「詩人・神がかり説」では、当時の詩人等を誉め讃えるのではなく、市民を惑わしたり煽ったりする危うい存在としている。一方で、本人の著述には詩情も湛えられていて、ソクラテスの言説を後世に伝えた書にも、詩と哲学の架橋となるような類い稀な才気が感じられる。

▼アリストテレス（古代ギリシャ　前三八四～三二二）

詩人（作者）の仕事は、すでに起こったことを語ることではなく、起こりうることを、すなわち、ありそうな仕方で、あるいは必然的な仕方で起こる可能性のあることを、語ることである。

『アリストテレース詩学・ホラーティウス詩論』（松本仁助、岡道男訳　岩波文庫）

◇最古の「詩論」

このプラトンの弟子は、哲学だけでなく政治、倫理、博物など幅広い分野の学問を究め、「万学の祖」とも呼ばれる。彼の「詩学」は、人類最古の詩論の一つとされる。

詩を書くことと詩人の努めとを、はるか現代にまでも通ずる、鮮やかな寸鉄で示している。

▼カリマコス（アレクサンドリア　前三〇〇頃～二四〇頃）

朝がた、われわれはメラニッポスを葬つたのに、その日の没《い》りにはバシロオが、うら若い乙女の命を自らの手で絶ちをへたとは。兄弟を葬《はふ》りの火に入れてからは生きてゆくにもえ堪へぬゆゑとか。だが父上アリスティッポスの邸《やしき》が二重の不幸にあはれたのに、キュレーネーの市《まち》をなめて、よい子らを持たれた家の空しさを見て、いたみに沈んだ。

『ギリシア・ローマ抒情詩選』（呉茂一訳　岩波文庫）

◇逆縁の悲しみ

人生行路で遭遇する様々な痛恨事の中でも、親が子を失う逆縁の痛苦というものは特段に重く、深い。続けて二人の子を失ったアリスティッポス夫婦の思いは、想像を絶する。

▼カエサル「ガリア戦記」（古代ローマ　前五一頃か）

兵力と闘魂において双方は伯仲していた。わが軍は、将軍と幸運の女神から見放されていたが、生命を救うすべての希望を、勇気だけにかけた。

『カエサル文集』（國原吉之助訳　筑摩書房）

◇カエサルのカエサルによるカエサルのための讃歌

「来た。見た。勝った」「賽《さい》は投げられた」、そして「ブルータス　お前もか」。名言伝説で彩られた古代ローマの独裁者カエサル（シーザー　前百頃〜四四）本人が、今のフランスと重なる広大なガリア地方を武力で平定してゆく様を仔細に書き記したものとされる。古代の戦争の貴重な記録であり、ローマの軍団と、それを率いたカエサル自身への果てしない讃歌ではあるものの、文には詩情も漂い、カエサルの文学的な才が伺える。

「生命を救うすべての希望を、勇気だけにかけた」との記述には、理屈を超えた詩的な霊感の表出と、異様なまでの鼓舞の力の強さが感じられる。彼は、後世の政界の野心家にだけではなく、文筆の徒にも霊感を与え、約千六百年後には、あのシェークスピアに「ジュリアス・シーザー」を書かせた。

▼**ウェルギリウス**（古代ローマ　前七〇〜前一九）

誰にもそれぞれ定まった、日は厳として存在し、
万人それぞれ命《いのち》ある、時間は短く、取りもどす、
ことは一切できぬもの。しかしほまれを功業に、
よって永久ならしめる、ことは勇気のなすところ。

——

このときこよなく美しい、母なる女神はその愛児、
アエネーアースに暗示して、敵の陣の城壁に、
向かって進み軍隊を、素早く都城に振り向けて、
ラティウムびとを急襲し、混乱させて殺傷を、
加えるべしと勧《すす》むれば——

『アエネーイス』（泉井久之助訳　岩波文庫）

春の初めに、白い山から氷雪が溶けて流れ出て、
土塊《つちくれ》が西風に当たってもろく崩れるとき、
そのときこそ私は、雄牛が地中に差し込んだ犂《すき》を引いて

呻《うめ》き声をあげ、犂べらが畝溝で擦《こす》られて輝き始めるのを見たいものだ。

——

まことに、ここでは、神が定めた正と不正は逆転している。世界で戦いは頻発し、
罪業はじつに多くの形で現われている。犂《すき》には
ふさわしい敬意が払われず、耕地は農夫を奪われて、荒れ果てている。
曲がった鎌さえ溶かされて、硬直した剣が作られている。

『牧歌／農耕詩』（小川正廣訳　京都大学学術出版会）

◇ラテン文学の粋

ウェルギリウスは、ほぼ同時代を生きた初代ローマ皇帝アウグストゥス（オクタウィアヌス）に重用され、ラテン文学を代表する詩人として後世にまで影響を与えた。晩年の作「アエネーイス」は、トロイ戦争でギリシャ軍に敗れた英雄アエネーアースが長い遍歴の末にイタリアに辿りつき、ローマの礎《いしずえ》を築くまでを物語る長編の叙事詩。伝説ではアエネーアースの母親は、あの美神ウェヌス（ギリシャ名はアフロディテー、英名はヴィーナス）。従って、ローマ人はヴィーナスの子孫、ということになって、イタリア人の「自信」の礎をも築いた。ウェルギリウスは、十四世紀イタリアの叙事詩「神曲」には、著者ダンテの遍歴の導き役として登場する。

▼**ホラーティウス**（古代ローマ　前六五〜八）

時代を表わす刻印を付した語をつくり出すことはいつも許されていたし、これからもつねに許されるだろう。歳月のめぐりに応えて森が木の葉を替え、古い葉から先に落ちてゆくように、古い世代の言葉も滅んでゆき、生まれたばかりの言葉があたかも若者のように咲き誇り、生い茂る。わたしたちも、わたしたちがつくったものも、いつかは死に絶える定めだ。

——将来あなたが何かを書いたなら、まずそれを批評家のマエキウスと父上とわたしに読んで聞かせてから、原稿を家の奥深くしまい、九年目まで待つこと。まだ発表していないものは破り捨てることができるが、言葉はいったん放たれるとあと戻りができない。

前出『アリストテレース詩学・ホラーティウス詩論』（岩波文庫）

◇古代の詩の師匠役

ホラーティウスが没してざっと二千年の後、イギリスの詩人オーデンは、他界する年に、それまで自分に多くの示唆や霊感を与えてくれた詩人らの名を挙げながら「感謝のことば」という詩を綴った。ハーディ、トマス、フロスト、イェイツ、ブレヒトらへの謝辞の後に、こう述べている。

こうして年齢も熟してきて
恵み豊かな山河に帰ってくると
ふたたび自然に惹きつけられる
いま求めている師匠といえば
ティヴォリで日なたぼっこをしている
最も巧みな詩人ホラティウスと
岩石の研究に夢中だったゲーテ――

『オーデン詩集』（沢崎順之助・訳編　思潮社）

▼**オウィディウス**（古代ローマ　前四三～紀元後一八）

・突然、皇帝アウグストゥスから流刑を命じられ、ローマを去らざるを得なかった日を顧みて、こう記したという。

あの夜の悲しい思い出が忍び寄るとき、
——私にとって都で最後の時間だった——
愛しいものの数々に別れを告げた夜を思い起こすとき、
今もなお目から涙が落ちる。

家の中はさながら声静まらぬ葬式のようであった。
女も男も子供も、私の死を嘆き悲しみ、
家のどの隅も涙で満ちている。

すでに人の声も犬の遠吠えも静かになり、
月は夜空に高く夜の馬を御していた。
私は月を見上げ、月に照らされたカピトリウムを見やり、
——私の家に連なっていたが何の役にも立たなかった——
——

書物よ、わが苦労の不幸な産物よ、お前と私の関係は何なのだろう？
——私は自らの才能ゆえに惨めにも破滅したのだから——
『悲しみの歌／黒海からの手紙』（木村健治訳　京都大学学術出版会）

◇流謫《るたく》の身の恨みの譜

当時のローマで著名な詩人だったオウィディウスが流刑にされた理由について、本人はこの「悲しみの歌」の中で「二つの罪――詩と過ち」と記しているが、定説はないという。ローマから見れば遙か東の果ての黒海沿岸の流刑地から帰還の嘆願を続けたが、容れられず、彼の地に没する。しかし彼の詩は、長く生き続けた。約千八百年の後、ドイツの詩人ゲーテは、その喜びと発見に満ちたイタリアの旅を終える時、「すでに人の声も犬の遠吠えも……」の一節を引きつつ、ローマへの去りがたい思いを記した。

――はるかに遠い黒海の畔《ほとり》に、悲しみと歎きとにみちた境遇において、オヴィディウスが抱いた追懐の情を、私は忘れることができなかった。私はその詩をくり返して心に浮べ、そのなかのある箇所は正確に私の記憶に蘇《よみがえ》ってきたが、それはまた私自身の詩作を惑わせ妨げて、後日になって試みたけれど、どうしてもそれはできあがらなかった。

『イタリア紀行』（相良守峯訳　岩波文庫）

▼新約聖書「ヨハネ黙示録」（紀元後一世紀末頃か）

――わたしが見ていると、小羊が七つの封印の一つを開いた。すると、四つの生き物の一つが、雷のような声で「出て来い」と言うのを、わたしは聞いた。そして見ていると、見よ、白い馬が現れ、乗っている者は、弓を持っていた。彼は冠《かんむり》を与えられ、勝利の上に更に勝利を得ようと出て行った。小羊が第二の封印を開いたとき、第二の生き物が「出て来い」と言うのを、わたしは聞いた。すると、火のように赤い別の馬が現れた。その馬に乗っている者には、地上から平和を奪い取って、殺し合いをさせる力が与えられた。また、この者には大きな剣《つるぎ》が与えられた。

そして見ていると、見よ、黒い馬が現れ、乗っている者は、手に秤《はかり》を持っていた。

そして見ていると、見よ、青白い馬が現れ、乗っている者の名は「死」といい、これに陰府《よみ》が従っていた。

――見ていると、小羊が第六の封印を開いた。そのとき、大地震が起きて、太陽は毛の粗い布地《ぬのじ》のように暗くなり、月は全体が血のようになって、天の星は地上に落ちた。

――松明《たいまつ》のように燃えている大きな星が、天から落ちて来て、川という川の三分の一と、その水源の上に落ちた。この星の名は「苦《にが》よもぎ」といい、水の三分の一が苦よもぎのように苦くなって、そのために多くの人が死んだ。

『聖書　新共同訳』（日本聖書協会）

ここに引いた「黙示録」の、冒頭部の文語訳は次のようになる。

羔羊《こひつじ》その七つの封印の一つを解き給ひし時、われ見しに、四《よ》つの活物《いきもの》の一つが雷霆《いかづち》のごとき聲《こゑ》して『来《きた》れ』と言ふを聞けり。また見しに、視よ、白き馬あり、之《これ》に乗るもの弓を持ち、かつ冠冕《かんむり》を與《あた》へられ、勝ちて復《また》勝たんとて出《い》でゆけり。

『舊新約聖書』（日本聖書協会）

◇世界の「終末」の詩

キリストが処刑され、ローマ帝国による厳しい迫害にさらされていた教会・信者に対して、神の審判が下る時の凄惨な様《さま》やキリストの再臨を告げて励ました文書とされる。

そうした由来はともかく、昔、若かった頃、分厚い『聖書』から「黙示録」の所だけを外し、それを携帯していた一時期があった。信徒ではなかったので、宗教書というより、世界終末の幻視を詩的に綴った古文書として着目していた。六、七〇年代は東西冷戦の最中で、キューバ危機のような核戦争による世界の破滅につながりかねない事件が起きていた。また、戦後の急激な工業化によって日本列島にも汚染・公害が蔓延し、終末の気配の漂う時代でもあった。そして八六年には、核兵器から転用した原子力発電で最大の事故がソ連で起きる。その地の名「チェルノブイリ」の意味が「苦よもぎ」だったことに、おぞましい符合を思わされた。

▼ユウェナーリス（古代ローマ　紀元後六七頃〜一三八頃か）

なんとまあ、見上げるほど高い屋根から瓦が降ってきて、人の頭を打ち砕くことか。なんとまあひんぱんに、家々の窓から、ひびが入ったり、穴があいた陶器のうつわが舞い落ちてくることか。

——

現在、我々は長い平和のもたらす不幸を耐え忍んでいるのだ。戦争より残酷な贅沢が我々の上に重くのしかかり、征服された世界の人々に代わって復讐《ふくしゅう》をしているのだ。ローマから貧乏が亡びてしまった後は、私利私欲の犯す罪業や所業がことごとく居坐ってしまった。

『ローマ諷刺詩集』（国原吉之助訳　岩波文庫）

◇活きた「帝都の肖像」

英雄を讃える叙事詩や、心の襞を綴る抒情詩では扱いきれない現実社会の営みの一端を、諷刺的に活写している。いわば当時の「ローマの肖像」を伝える詩的散文であり、「その時・その時代」を詠んだ「叙時詩」とも言えようか。文明批評的な記述からは、近、現代社会でのメディア・媒体による報道や批評にも通ずる視座が伺える。ギルガメシュやホメーロスの叙事詩に始まった人類の詩業に「叙時詩」というジャーナリスティックな働きが加わったように感じられる。

帝都ローマの住民らの放埓な営為からは、肥大し、拡張し尽くした大帝国に忍び寄る崩落の兆しも伺える。

▼皇帝マルクス・アウレーリウス（古代ローマ　一二一～一八〇）

時というものはいわばすべて生起するものより成る河であり奔流である。あるものの姿が見えるかと思うとたちまち運び去られ、他のものが通って行くかと思うとそれもまた持ち去られてしまう。

自分の内を見よ。内にこそ善の泉があり、この泉は君がたえず掘り下げさえすれば、たえず湧き出るであろう。

宇宙がなんであるかを知らぬ者は、自分がどこにいるのかを知らない。宇宙がなんのために存在しているかを知らぬ者は、自分がなんであるかを知らず、宇宙がなんであるかをも知らない。

『自省録』(神谷美恵子訳　岩波文庫)

◇最後の「賢帝」の省察

ローマ帝国の盛期に五人続いたとされる「賢帝」の最後の人物。ギリシャ哲学に傾倒した思索の人で、遠征先の陣屋でも執筆していたという。「自省録」の憂いを帯びた詩的な記述からは、自らの「内の泉」から湧き出る思いと、皇帝としての責務との間の落差の大きさが偲ばれる。

帝国は、彼の死後、三世紀に入ると政争や内乱が相次ぎ、三九五年には東西に分裂、西ローマ帝国は四七六年に滅亡した。このようにしてローマ帝国が衰亡してゆく頃、日本列島では初の統一国家が生まれようとしていた。

第二章　中世からルネサンス、大航海の時代へ

第一章では、太古のメソポタミアからエジプト、インド、中国、ギリシャ等を経てローマ帝国の分裂の辺りまで、約二千年に亘る古代の詩の世界を辿った。第二章では、いわゆる中世からルネサンス・大航海の時代に至る千余年の間の東西の詩句を巡る。日本では、古代の奈良、平安時代から中世の鎌倉、室町を経て、徳川家康による江戸開幕の辺りまでにあたる。家康とシェークスピア、セルバンテスは、ほぼ同時代を生き、同じく一六一六年に没している。

▼**陶淵明**（中国　東晋・宋　365～427）

歸去來兮辭《ききょらいのじ》

歸去來兮　　帰去来兮《かえりなんいざ》、
田園將蕪胡不歸　　田園《でんえん》将《まさ》に蕪《あ》れなんとす　胡《なん》ぞ帰《かえ》らざる。

雜詩《ざつし》　其の一

人生無根蔕　　人生《じんせい》は根蔕《こんてい》無《な》く、
飄如陌上塵　　飄《ひょう》として陌上《はくじょう》の塵《ちり》の如《ごと》し。

―

盛年不重來
一日難再晨
及時當勉勵
歳月不待人

飲酒　其の五

結廬在人境
而無車馬喧
問君何能爾
心遠地自偏
採菊東籬下
悠然見南山
山氣日夕佳
飛鳥相與還
此中有眞意
欲辨已忘言

盛年《せいねん》　重《かさ》ねて来《きた》らず、
一日《いちじつ》　再《ふたた》び晨《あした》なり難《がた》し。
時《とき》に及《およ》んで当《まさ》に勉励《べんれい》すべし、
歳月《さいげつ》は人《ひと》を待《ま》たず。

廬《いおり》を結《むす》んで人境《じんきょう》に在《あ》り、
而《しか》も車馬《しゃば》の喧《かまびす》しき無《な》し。
君《きみ》に問《と》う　何《なん》ぞ能《よ》く爾《しか》ると、
心遠《こころとお》く地《ち》自《おのず》から偏《へん》なり。
菊《きく》を採《と》る　東籬《とうり》の下《もと》、
悠然《ゆうぜん》として南山《なんざん》を見《み》る。
山気《さんき》　日夕《にっせき》に佳《よ》し、
飛鳥《ひちょう》　相与《あいとも》に還《かえ》る。
此《こ》の中《うち》に真意《しんい》有《あ》り、
弁《べん》ぜんと欲《ほっ》して已《すで》に言《げん》を忘《わす》る。

『陶淵明全集』（松枝茂夫・和田武司訳注　岩波文庫）

◇魂の故郷《ふるさと》の方へ

西暦四世紀の末にローマ帝国が分裂した頃、東の中国では、その後の自国の詩だけではなく、後代の日本の詩・文芸にも影響し、近代の西洋詩の世界とも共鳴するほどの大きな普遍性を備えた詩人・陶淵明が現れた。

人生の大きな課題の一つである「仕事・務め」と「暮らし」のバランス・ありように深く悩み、やがて故郷の自然の中でのつつましい暮らしに人生の真実味と魂の故郷《ふるさと》を見出す。それは、様々な現実の柵《しがらみ》から自らを解き放てずに人生行路を行く大方の人々にとって憧れの境地であり、手の届かない理想郷でもあった。

淵明が、彭沢《ほうたく》という地域での官職を辞して故郷に帰り、田園に暮らしたことや、彼が仙境を描いた「桃源郷」の物語は、やがて海を越えて日本にも伝わる。奈良朝の八世紀に編まれた日本最古の漢詩集「懐風藻」に、淵明への言及がみえる。

彭澤《はうたく》の宴《うたげ》誰か論《かた》らはむ。　（大津皇子）

天高くして槎路《さろ》遠く、河廻《めぐ》りて桃源《たうげん》深し。　（藤原宇合）

『日本古典文学大系』（小島憲之校注　岩波書店）

江戸時代には、俳句の世界にも影響を及ぼした。あの蕪村という俳号は「田園将に蕪《あ》れなんとす」に由来するともいう。

一茶には、こんな句がある。

いうぜんとして山をみる蛙かな

明治期には、夏目漱石が淵明の詩境を世間に広く知らしめた。あの、智に働けば角が立つ——の「草枕」に、淵明の「飲酒　其の五」の「採菊東籬下　悠然見南山」を引いて、西洋の詩には見られない現実の柵からの解脱の境地があると述べた。

漱石より一世紀ほど前にドイツで活躍したゲーテは、壮年期までは著名な作家でありつつ、政府の高官としても働いていた。官職と酒と詩を絡めた、こんな作がある。

統治にあき　役儀に
疲れた私たち官吏に
いったい何が残っている
うららかな春の日に
無粋な心根をすて

水辺の草地に
酒くみかわし　興いたれば
歌を詠む　ということ以外に

『ゲーテ全集』（「中国風ドイツ暦」内藤道雄訳　潮出版社）

この他にも、淵明の詩境につながるような山や自然への呼びかけがある。

山々の頂に
憩《いこ》いあり。
木々のこずえに
そよ風の気配もなし。
森に歌う小鳥もなし。
待てよかし、やがて
なれもまた憩わん。

『ゲーテ詩集』（「旅びとの夜の歌」高橋健二訳　新潮文庫）

ゲーテは、まだ国の要職にあった三十代のある日、公務から逃げるようにしてイタリアへと旅立った。地中海の光に満ちた南の地で、古代の美が現実の世にいきいきと輝いているさまを目の当たりにし、以後の人生を詩人として送ることを決意して帰国したという。淵明のように、官職を一気に捨て去ることはなかったが、八十代まで、詩の世界を極める人生を全うした。ゲーテにとって詩・文芸は自己表現の場でありつつ、もろもろの柵を超えたところにある魂の故郷《ふるさと》でもあったと思われる。

　こうした、魂の故郷への希求としての詩作の意味は現代にも生き続けているはずだが、その故郷に辿り着くのは、容易なことではない。

▼「**万葉集**」（奈良時代末期か）

熟田津《にきたづ》に船乗《ふなのり》せむと月待てば
潮《しほ》もかなひぬ今はこぎ出な　　額田王

東《ひむかし》の野《の》にかきろひの立つ見えて
かへりみすれば月西渡《かたぶ》きぬ　　柿本人麻呂

田兒《たご》の浦ゆうち出《い》でて見れば眞白《ましろ》にぞ

不盡《ふじ》の高嶺に雪はふりける　山部赤人

吾妹子が見し鞆《とも》の浦のむろの木は
常世《とこよ》にあれど見し人ぞなき　大伴旅人

世間《よのなか》を憂《う》しとやさしと思へども
飛び立ちかねつ鳥にしあらねば　山上憶良

福《さきはひ》のいかなる人か黒髪の
白くなるまで妹が音《こゑ》を聞く　作者不詳

石《いわ》そそく垂水《たるみ》の上のさわらびの
萌《も》え出づる春になりにけるかも　志貴皇子

稲つけばかかる吾《あ》が手を今夜《こよひ》もか
殿の若子《わくご》が取りて嘆かむ　東歌

防人《さきもり》に行くは誰《た》が夫《せ》と問ふ人を
見るが羨《とも》しさ物思《もひ》もせず
作者不詳

移り行く時見るごとに心いたく
昔の人し思ほゆるかも
大伴家持
『新訂・新訓　万葉集』（佐佐木信綱編　岩波文庫）

◇言葉が見えた日

なじみ深い歌を抜き出してみたが、人生の哀楽や自然との交感など、現代にも通ずる古代人の思いの襞《ひだ》がうかがえる。当時の有名、無名の人々によって詠われた四千に余る詩句の群れは、都を中心とする古代日本の営みと人々の肖像を活写している。

そして万葉集は、日本語が漢字によって書き記された原初の頃の姿を今に伝えている。例えば、右に引用した額田王と人麻呂の歌の原文での文字遣いは、次のようである。

熟田津尓船乗世武登月待者潮毛可奈比沼今者許芸乞菜

東野炎立所見而反見為者月西渡

『新 日本古典文学大系』(岩波書店)

万葉人らは、大陸から伝来した漢字によって日本語を表記する術《すべ》を追求し、漢字を、その本来の意味とは別の和語として使うという手法を編み出した。それまでは口伝えだった日本語を目に見える形にする画期的な工夫であり、発明だった。口から放たれる瞬間に消えてゆく言の葉を捕らえ、手元に引き寄せて定着させることを可能にした。そして、その工夫はやがて漢字から「かな」を生み出してゆく。漢字かな混じり、という後代の日本語の母体になったともいえる貴重な詩集であり、細密にして壮大な詞華集・アンソロジーでもある。

▼**李白**(中国・唐 701〜762)

月下獨酌
花間一壺酒
獨酌無相親
擧杯邀明月
對影成三人

月下《げっか》の独酌《どくしやく》
花間《かかん》 一壺《いっこ》の酒《さけ》
独酌《どくしやく》 相親《あいした》しむ無《な》し
杯《さかずき》を挙《あ》げて 明月《めいげつ》を邀《むか》え
影《かげ》に対《たい》して 三人《さんにん》を成《な》す

哭晁卿衡
日本晁卿辭帝都
征帆一片遶蓬壺
明月不歸沈碧海
白雲愁色滿蒼梧

晁卿衡《ちょうけいこう》を哭《こく》す
日本《にっぽん》の晁卿《ちょうけい》　帝都《ていと》を辞《じ》し
征帆一片《せいはんいっぺん》　蓬壺《ほうこ》を遶《めぐ》る
明月《めいげつ》帰《かえ》らず　碧海《へきかい》に沈《しず》み
白雲愁色《はくうんしゅうしょく》　蒼梧《そうご》に満《み》つ

『李白』（武部利男注　岩波書店）

◇月と酒と情けと

「月下の独酌」は、月と酒を友にしてゆらりと庭に佇む詩人の姿を浮かび上がらせる。天上の月、地の影、そして李白の三者で形づくる天・地・人の世界が、端的かつ鮮やかに詠われている。

夜毎に姿形を変える月は、古代人には宇宙の神秘の象徴であり、その光は漆黒《しっこく》の闇を照らす貴重な明かりだった。それは、近代にまで続く。例えば、江戸時代の歌川広重の浮世絵「名所江戸百景」の「猿わか町よるの景」では、通りを行く人たちの足元に、それぞれの影が黒々と描かれている。夜なのに、昼のように影は濃い。その空には満月が浮かんでいる。

最も身近な天体である月は、いつの時代にもそこにあったという思いからか、見る者を古代へと誘《いざな》う力がある。

私の神經を古代につながらせる爲に月の光を浴びたいと思つています。
私の存在を小さく小さく思い込む爲に星座を探すこともあります。

（香月泰男「私の美学――美神の破片」『芸術新潮』）

香月画伯は、第二次大戦の敗戦後にソ連によってシベリアに抑留された。帰国後に、いわゆる「シベリア・シリーズ」を描く。引用文からは、時空を超える普遍的な美に迫ろうとする画家の一途な志が感じられるが、囚われてはるか遠い異国で見た月には、言葉では言い尽くせない思いもあったことだろう。

李白の「晁卿衡を哭す」は、日本から遣唐留学生として大陸に渡った阿倍仲麻呂（中国名・晁卿衡）のことを詠んでいる。

仲麻呂は唐の都・長安で玄宗皇帝に厚く遇され、李白や王維ら著名な詩人とも交わったという。長く唐にとどまったが、あの奈良の都への望郷の歌も名高い。

天の原ふりさけ見れば春日なる三笠の山に出でし月かも

一度は帰国を試みたが、暴風雨に遭って難破してしまう。長安には仲麻呂落命の噂が広がった。李白はその「悲報」に接し、哀惜の情が籠ったこの詩を詠んだ。
王維の方には、日本に向けて旅立つ仲麻呂への送別の詩が残されている。

積水不可極　積水《せきすい》　極《きわ》む可《べ》からず
安知滄海東　安《いず》くんぞ滄海《そうかい》の東《ひがし》を知《し》らんや
九州何處遠　九州《きゅうしゅう》　何処《いずこ》か遠《とお》き
萬里若乘空　万里《ばんり》　空《くう》に乗《じょう》ずるが若《ごと》し

――ひろびろとした海（積水）のはては、きわめようもない。東の海のさらに東、君の故国のあたりのことなど、どうして私たちに知ることができようぞ。中国の外にあるという九つの世界の中で、どこが一番遠いのか（きっと君の故国、日本にちがいない）。そこへ帰る万里の旅路は、虚空を踏んで行くような、はるかなものであろう。

『唐詩選』（前野直彬注解　岩波文庫）

実際には、仲麻呂の船はベトナムの辺りに漂着したという。彼は長安に戻って官僚となり、中国で没した。李白、王維ら盛唐時代の詩句が、当時の日本と中国の交流の深さと、人と人との交情の厚さをうかがわせる。

昔、若い頃に出会った唐詩には今も胸に残る作が多いが、ここでは、あと数人の時空を超えた寸鉄のみを記す。李賀は二十七で逝った「鬼才」、「コノサカヅキヲ……」は、人生の機微をうがつ作家・井伏鱒二による心憎い名訳。

國破山河在　国破れて山河あり
城春草木深　城春にして草木深し
感時花濺涙　時に感じては花にも涙を濺《そそ》ぎ
恨別鳥驚心　別《わか》れを恨《うら》んで鳥《とり》にも心《こころ》を驚《おどろ》かす
（杜甫）

年年歳歳花相似　年年歳歳　花相似たり
歳歳年年人不同　歳歳年年　人同じからず
（劉廷芝）

長安有男兒　長安《ちようあん》に男児《だんじ》あり
二十心已朽　二十《はたち》にして　心已《こころすで》に朽《く》ちたり
（李賀）

勸君金屈巵　コノサカヅキヲ受ケテクレ
滿酌不須辭　ドウゾナミナミツガシテオクレ

花發多風雨　　ハナニアラシノタトヘモアルゾ
人生足別離　「サヨナラ」ダケガ人生ダ
（于武陵）

▼アブー・ヌワース（アラブ・アッバース朝　8〜9世紀）

魂の妹

私の飲酒を非難する人よ、忠告するならともかくも、
　私の妹のことで私を責めないでくれ。
私を魅了した者のことで私を責めないでくれ。
　彼女は私に醜いものを醜くなく見せてくれる。
彼女とは酒、健康な人を病人にし、
　病人には健康な人の衣を着せる。

私は彼女のために長者のように金を費やし、
　一旦手に入れるとけちんぼうのように大事にする。

盃と少年

私は公然と快楽を求め、
　心の秘密を暴露した。
勝手きままのことをして、世間を気にせず、
　言い訳を探すこともやめた。
一生が運命に監視されていることを知り、
　私は運命の素早さで快楽に急いだ。
盃と少年があれば、私はこの世に満足、
　何故それがよいのか、聡明な人には分かるまい。

『アラブ飲酒詩選』（塙治夫編訳　岩波文庫）

◇アラブの放蕩と無頼

中国が隋から唐に変わり、日本には聖徳太子が居た七世紀の初め頃、アラビアではムハンマド（マホメット）がイスラム教を創唱した。酒は禁じられたが、塙氏の「解説」によれば、アラブ人が異民族を征服して彼らの習慣に接する機会が多くなり、物質的な繁栄をも享受するようになると、禁酒の戒律はあまり厳格に守られなくなっていった。

ヌワースは八世紀の中葉に生まれたとされる。イスラム教徒の指導者・カリフを讃える詩で褒賞金を得ることもあったが、その金も「魂の妹」と詠む酒の方に費消する放蕩、遊蕩を繰返し、カリフの部族を誹謗する詩を詠んだ科での投獄も経験したという。

この、半端ではない徹底した飲酒と悪所への傾倒の底には、命と人生をもかけた反骨・反抗の精神が感じられる。それは、人生の行路は違ったものの、第二次大戦後に「堕落論」を唱えた作家・坂口安吾が色紙に書き記した「あちらこちら命がけ」を想起させる。

▼**空海**（７７４〜８３５）

悠々《いういう》たり悠々たり太《はなは》だ悠々たり
内外《ないげ》の縑緗《けんじやう》　千万の軸《じく》あり
杳々《えうえう》たり杳々たり　甚《はなは》だ杳杳たり

――

生れ生れ生れ生れて生《しやう》の始に暗く
死に死に死に死んで死の終に冥《くら》し

(限りなく限りなく、きわめて限りないことよ、ああ、
仏典と仏典以外の書物とは千万巻もある。
広く深く広く深くして、きわめて広く深いことよ、ああ、

――

われわれは生まれ生まれ生まれ生まれて生のはじめに暗く、
死に死に死に死んで死の終りに冥《くら》い。)(秘蔵宝鑰《はうやく》)

『日本の思想　最澄・空海集』(渡辺照宏編　筑摩書房)

◇詩才、筆才、学才、宏才、偉才……

「天は二物を与えず」という諺《ことわざ》を無力にしてしまう人物のひとり。弁論に優れ、詩想、思考に優れ、

その表現にも優れ、経営にも渡世にも優れていたという。空海という法名にも、詩想が漲っている。

▼**「古今和歌集」**（９０５頃か）

世中にたえて櫻のなかりせば
春のこゝろはのどけからまし　　在原業平朝臣

久かたのひかりのどけき春の日に
しづ心なく花のちるらむ　　きのとものり

花の色はうつりにけりな徒に
わが身世にふるながめせしまに　　小野小町

秋きぬとめにはさやかにみえねども
風のをとにぞおどろかれぬる　　藤原敏行朝臣

名にしおはゞいざことゝはむ宮こどり
我おもふ人は有やなしやと　在原業平朝臣

世中はなにかつねなるあすか河
昨日のふちぞけふはせになる　読人しらず

『古今和歌集』（尾上八郎校訂　岩波文庫）

◇名編集人・貫之
この歌集の「仮名序」は、選者の紀貫之による印象深い「詩論」になっている。

——やまとうたは、人のこゝろをたねとして、よろづのことのはとぞなれりける。

漢字を借用した万葉集から百余年の後、漢字かな交じりという現代日本語表記の原型にまで到達した。もし右の「仮名序」が、万葉のように漢字のみで書かれている様《さま》を想像してみれば、漢字だけの窮屈さから解き放たれた自在な境地を楽しむ貫之の姿すら思い浮かぶ。わずか一行にして詩の本質に迫る文の冴えは秀逸で、古びてもいない。

約千年の後、正岡子規は、貫之と古今集に対して痛罵《つうば》を浴びせた。

——貫之《つらゆき》は下手な歌よみにて『古今集』はくだらぬ集に有之候。

『歌よみに与ふる書』（岩波文庫）

今回、古今集の歌をここに書き抜いていて、結果として貫之の作が入っていないのは、子規のせいではなく、私の狭い好みのせいでしかない。

日本初の、しかも質、量ともに圧倒的な万葉集と比べれば、後続の集に対しては、どのような批判も可能だろうが、万葉を目の前にしつつ、その時代なりの詞華集を編み上げた貫之らの営為は、勅命を受けたものであっても、貴い。子規の批判も、可能性を秘めた詩的表現の一つである和歌への辛口の「応援歌」とも読める。

貫之は「土佐日記」の中で、あの遣唐留学生・阿倍仲麻呂の逸話に触れながら、異国、異民族、異文化間の詩情の共有の可能性について記している。

——唐土《もろこし》とこの国とは、言異《こと》なるものなれど、月の影は同じことなるべければ、人の心も同じことにやあらむ。

『新　日本古典文学大系』（長谷川政春校注　岩波書店）

こうした、幅の広さと柔軟性・しなやかさ、敢えて辛く言えば甘さ・いい加減さが、貫之の中に併存していたのではないか。おそらく、その類の無い融通無碍《ゆうずうむげ》な資質が、日本の詩の歴史に残る名編集人を生みだしたと思われる。

▼**清少納言**（966?〜1025?）

遠《とほ》くて近《ちか》きもの　極樂《ごくらく》。舟《ふね》の道《みち》。人の中。

あそびは夜《よる》。人の顔《かほ》見《み》えぬほど。

星は　すばる。ひこぼし。ゆふづつ。よばひ星《ぼし》、すこしをかし。

ただ過《す》ぎに過《す》ぐるもの　帆《ほ》かけたる舟《ふね》。人の齢《よはひ》。春《はる》、夏《なつ》、秋、冬。

『枕草子』（池田亀鑑校訂　岩波文庫）

◇平安京の「三姉妹」

西暦の一〇〇〇年をはさんで、清少納言と紫式部と和泉式部は、ほぼ同じ時代を生き、宮廷に仕えた。それぞれに類稀な文才に恵まれ、女性による文芸が花開く。紫式部が、他の二人への辛口の評言を残している。

和泉式部といふ人こそ、おもしろう書きかはしける。されど、和泉はけしからぬかたこそあれ。

清少納言こそ、したり顔にいみじう侍りける人。さばかりさかしだち眞字《まな》書きちらして侍るほども、よく見れば、まだいとたへぬこと多かり。

『紫式部日記』（池田亀鑑・秋山虔校注　岩波文庫）

ここに、恋の遍歴でも知られる和泉式部の一首を引いておく。

あらざらむ　この世のほかの思出に
　いまひとたびの　あふこともがな

▼オマル・ハイヤーム（ペルシャ　1048〜1131）

もともと無理やりつれ出された世界なんだ、
生きてなやみのほか得るところ何があったか？
今は、何のために来り《きた》住みそして去るのやら
わかりもしないで、しぶしぶ世を去るのだ！

―
ああ、全く、休み場所でもあったらいいに、
この長旅に終点があったらいいに。
千万年をへたときに土の中から
草のように芽をふくのぞみがあったらいいに！

―
酒をのめ、それこそ永遠の生命だ、
また青春の唯一《ゆいつ》の効果《しるし》だ。
花と酒、君も浮かれる春の季節に、
たのしめ一瞬《ひととき》を、それこそ真の人生だ！

―
いつまで一生をうぬぼれておれよう、
有る無しの論議になどふけっておれよう？
酒をのめ、こう悲しみの多い人生は
眠るか酔うかしてすごしたがよかろう！

『ルバイヤート』（小川亮作訳　岩波文庫）

◇「四行の世界」の自由

ハイヤームは詩人であり、天文学者であり、数学者でもあったという。書名の「ルバイヤート」とは「四行詩」のこと。この厳格な定型の縛りの中で、無常、厭世、刹那への思いを自由に歌い上げた。中でも酒への傾きは、近代詩の祖・ボードレールの散文詩「パリの憂鬱」の一節を想起させる。

常に酔つてゐなければならない。それこそは一切、それこそ唯一の問題である。汝の両肩を壓し砕き、汝を地面の方へと壓し屈める、怖るべき時間の重荷を感じまいとならば、絶えず汝を酔はしめてあれ。

『巴里の憂鬱』（三好達治訳　角川書店）

▼西行（１１１８〜１１９０）

――世のなかに武者おこりて、西東《ひんがし》北南いくさならぬところなし。うちつづき人の死ぬる数、きくおびただし。まこととも覺えぬ程なり。こは何事のあらそひぞや。あはれなることのさまかなと覺えて

死出の山越ゆるたえまはあらじかし
　なくなる人のかずつづきつつ

ねがはくは花の下にて春死なんそのきさらぎのもち月の頃

『山家集』（佐佐木信綱校訂　岩波文庫）

◇武者盛る時代に

西行は平清盛と同じ年に生まれ、平家が権勢を振るう時代を生き、壇ノ浦での平家滅亡の五年後に他界した。

元は、白河上皇が院御所の護衛に創設した「北面の武士」の一員だった。二十三の年に出家し、国内各地を遍歴して自然への愛着を込めた率直で真実味を湛えた秀歌を残した。その中で、武者隆盛の時代への憂慮の一首が、元武士の歌詠みの吐露として生々しく、重い。

彼の没後、鎌倉初期に藤原定家らが編んだ「新古今和歌集」には、最も数多く採録された。ここに、定家本人の作も引いておく。

春の夜の夢のうき橋とだえして嶺にわかるるよこぐもの空

見わたせば花も紅葉もなかりけり浦のとまやの秋の夕ぐれ

西行の壮年期には、「保元の乱」が起きている。武士階級の政界進出の契機となったとされるこの乱の顚末を描いた「保元物語」に、詩歌に対する見方の一端を示すような一節がみえる。

——詩歌《しいか》ハ閑中《かんちう》ノ翫《もてあそび》ナリ。朝儀《てうぎ》ノ要事《えうし》ニアラズ。

『新日本古典文学大系』（栃木孝惟校注　岩波書店）

▼鴨長明「方丈記」（1212）

ゆく河の流《なが》れは絶《た》えずして、しかも、もとの水にあらず。よどみに浮《うか》ぶうたかたは、かつ消《き》え、かつ結《むす》びて、久《ひさ》しくとどまりたる例《ためし》なし。世の中にある、人と栖《すみか》と、またかくのごとし。

『方丈記』（簗瀬一雄訳注　角川文庫）

◇詩的散文の一頂点

多くの人が感じてはいるものの、うまく口にはのぼせない。そうした思いをすらすらと、詩的に、心憎く綴っている。一度読んだら忘れられなくなり、長く人生の並木道に立ち続ける詩文の一つである。

公家の世が武家の世へと変わりゆく時代に、五十歳頃で出家し、閑居しながら詩的散文の一つの頂点を極めた。

六百余年の後、共に明治改元の前年に生まれた二人の才人が「方丈記」の英訳を試みている。それぞれの、冒頭の数行を引用する。

・東大英文科学生　夏目金之助（後の漱石）の訳

Incessant is the change of water where the stream glides on calmly ;the spray appears over a cataract, yet vanishes without a moment's delay. Such is the fate of men in the world and of the houses in which they live.

『漱石全集』（岩波書店）

・欧米帰りの民俗学、博物学者　南方熊楠の訳

Of the flowing river the flood ever changeth, on the still pool the foam gathering, vanishing, stayeth not. Such too is the lot of men and of the dwellings of men in this world of ours.

『南方熊楠全集』（平凡社）

▼**「平家物語」**（1240頃までに成立か）

祇園精舎の鐘の声、諸行無常《しよぎやうむじやう》の響《ひびき》あり。娑羅双樹《しやらさうじゆ》の花の色、盛者必衰《じやうしやひつすい》の理《ことわり》をあらはす。おごれる人も久しからず、唯《ただ》春の夜《よ》の夢のごとし。たけき者も遂《つい》にはほろびぬ、偏《ひとへ》に風の前の塵《ちり》に同じ。

『新編 日本古典文学全集』（市古貞次校注・訳　小学館）

◇中世の鐘の音

「方丈記」からさほど時を置かずに、一度聞いたら忘れられない詩的な語り口が又生まれたのは、偶然ではないだろう。平家の栄華から滅亡への劇的な転変や大地震、大火、飢饉などの世の悲惨を前にして、その無常の世界を「方丈記」では流れに浮かぶ泡にたとえ、「平家物語」では、釈迦ゆかりの僧院の死者を送る鐘の音にことよせた。

洋の東西を問わず、古代から中世に於いては、鐘の音というものが後代より重く深い意味をもって鳴り響いていた。西欧中世の実相を深く探究したオランダの歴史家・ホイジンガの「中世の秋」に、鐘についての詩的で印象深い一節がある。

ひとつの音があった。忙しい生活のざわめきを押えて、くりかえし鳴りひびく音、どんなに重なり鳴ろうともけっしてみだれることなく、この世のものすべてを、秩序の領域へと高く押しあげる音、鐘の音である。鐘は、日日の生活の、あたかも警告の善霊であった。ききなれた音色で、あるときは喪を、あるときは賀を、そしてまた安息を、不穏を告知する。また、あるときは召集し、警告する。

鐘は愛称をつけられていた、「ふとっちょジャックリーヌ」とか、「鐘のロラン」とか。こきざみな片面打ち、ゆるやかな両面打ちがなにを意味するか、人びとはよく知っていた。

『世界の名著』（責任編集・堀米庸三　中公バックス）

鐘の音は、空気の振動がもたらす物理的な響き以上の存在だった。人々に時を告げ、人々を送り、迎え、集め、指示し、悼み、祝い、警告し、憩わせていた。鐘の「ジャックリーヌ」や「ロラン」は、言葉ではない言葉を告げていた。響きを様々に変えながら、その時々の詩を詠っていたようにも思われる。

以前、ローマの中心部の、とあるキリスト教団が経営する宿に泊まったことがある。白壁に小さな十字架がかかり、テレビも冷蔵庫もない簡素な部屋で目覚め、朝の身支度をしている時、突然、そばの鐘楼で驚くほどの音量で鐘が鳴りだした。そして、やや遠くの方でも同じようでいて微妙に違う音色で、鐘が鳴り始めた。現代に古《いにしえ》の時代の光が急に差し込んできたかのようだった。日本には無い、重層的な鐘の交響に包まれながら、この宗教の息の長い歴史と、人々の暮らしと文化におろした根の深さとを思わされた。

昔、東京近郊の都市で記者をしていたころ、この街で一日・二十四時間に、どのようなことが繰り返されているのかを時間に沿う形で新聞に連載したことがあった。「正午」の回では、街なかの教会の「お告げの鐘」を取り上げた。三十代の神父は、鐘を鳴らす綱を引く時の思いを、こう述べた。「鐘の音の届くすべての人々が神の恵みを少しでも受けるように祈りながら綱を引きます。日常の仕事を離れて、心を天に上げる時、ともいえるでしょう」

日本に独自に根付いた「山のお寺の鐘」とは、響きも趣も異なっている。しかし、聞く人々に言葉ならざる言葉を伝え、詩的とも言える深い感興をもたらすという点では、西の鐘も東の鐘も、共に通ずるものがある。

▼**ダンテ「神曲」**（イタリア　１３０７〜１３２１頃）

私たちの人生行路のなかば頃
正しい道をふみはずした私は
一つの暗闇の森のなかにいた。

『筑摩世界文学大系』（野上素一訳　筑摩書房）

◇フィレンツェ・ルネサンス

太古から中世までの詩の世界を辿《たど》ってきて、二つの際立った時代・都市があることを、改めて思う。古代ギリシャの哲学、文芸、詩劇などが花開いた紀元前五世紀頃のアテナイと、このルネサンス期のイタリア中部の都市フィレンツェである。

十四世紀初頭のダンテに始まり、ペトラルカ、ボッカチオと続く詩・文芸のほか、ジョットからボッティチェリ、レオナルド・ダ・ヴィンチ、ミケランジェロ、ラファエロに至るルネサンス美術の系譜は、パルテノン神殿やソフォクレス、プラトン、アリストテレスらを生んだ頃のアテナイにも比肩する芸術の都と言えよう。

ダンテは抒情詩人として出発したが、市の政界に踏み込み、対立抗争に絡んでフィレンツェから追放された。各地を放浪しながら「神曲」を書き進める。帰郷は遂に叶わず、イタリア北東部のラヴェンナに没した。

「神曲」は、ダンテが古代ローマを代表する詩人・ウェルギリウスの導きで、地獄、煉獄、天国を遍歴するという長大な詩篇。キリスト教的な世界観を、宇宙的構想のもとで博識を傾注して描き、後代の世界の詩・文芸や美術に大きな影響を及ぼした。

ダンテから二世紀後のフィレンツェに生まれた彫刻家で画家のミケランジェロは、詩もよくし、郷土の先達ダンテを崇敬する頌歌を残している。

彼、天空より来り、その空蟬《うつせみ》の軀をもって、

正しきとまた敬虔の地獄《インフエルノ》を見ぬ。かくて、後
すべて真理《まこと》なる光をわれらに与えむため、
生に還って神をながむ。
その光、あまりにもわが生い立ちし巣を照せる、
輝きの星よ。
邪悪《よこしま》なる全世界はその償いたらむ。

『ミケランジェロの詩と手紙』（高田博厚訳　岩崎美術社）

ルネサンス期の美術の名作を集めたウフィッツィ美術館に近い路地の一角に、「ダンテの家・博物館」がある。ウフィッツィや大聖堂の周りのような雑踏、ざわめきは無く、ひっそりと佇んでいる。そこから歩いて数分のサンタ・クローチェ教会には、ミケランジェロをはじめ、ルネサンス期のフィレンツェが輩出したマキャベリ、ガリレオらの墓碑が並んでいる。その一区画には、ダンテの名を記した大きな墓碑がある。しかし、そこにダンテの遺骸は無く、それは今も尚、「人生行路のなかば」にあるかのように、ラヴェンナに留まっている。

ルネサンスが欧州に広がる頃には、人類史に残る大きな発明や発見が相次いだ。

ドイツでのグーテンベルクによる活版印刷の発明があり、イタリア人・コロンブスの「アメリカ到達」があり、ポーランドのコペルニクスやガリレオによって「地動説」が唱えられた。

世界が丸いこと、神が創造したと信じられてきた地球も星の一つに過ぎないという驚天動地の発見があった。このように欧州がかつてない大きな身震いをしている頃、日本は、室町・応仁の乱から戦国へという乱世が続いていた。

▼観阿弥（1333〜1384）

おう曠野《くわうや》人稀《まれ》なり、わが古墳《こふん》ならでまた何者ぞ。骸《かばね》を争ふ猛獣《まうじう》は、去つてまた残る、塚を守る飛魄《ひばく》は松風《しようふう》に飛び、電光朝露《でんくわうてうろ》なほもつて眼《まなこ》にあり。

――おお　この荒れはてた広い野に　人はまれである、わが古墳以外に　また何者がここにあろうぞ。死骸《しがい》を争い食う猛獣は、去ったかと思えば　またここに残っていて、塚を見守って離れぬ人魂《ひとだま》は松吹く風に乗って飛び交《か》い　稲妻《いなずま》といい朝の露といい　世のはかなさは　わが眼前に見るところ。

「求塚《もとめづか》」

『新編 日本古典文学全集』（小山弘志、佐藤健一郎校注・訳　小学館）

◇猿楽から公《おおやけ》の式楽へ

二人の男から求婚された乙女が、いずれにもなびきかね、遂には入水する。男たちも、乙女が葬られた塚の前で刺し違えて死に絶える――

現実には無さそうで、しかしまったく無いとも言い切れないような微妙かつ絶妙に設定された悲劇の物語が、詩的に謡われる。

観阿弥と、その子の世阿弥は、室町幕府の庇護の下、それまでは物まねや言葉芸が中心だった猿楽を演劇化して様式美を極め、芸術としての能を確立した。江戸時代には、式楽として儀式に用いられるようになった。

▼ヴィヨン（フランス　１４３１頃～１４６３以降）

ヴィヨン墓碑銘

わが亡き後に　ながらふる　一切衆生《いっさいしゅじやう》よ、
頑《かたくな》なる心を　われらに　抱《いだ》くなかれ、
不憫《ふびん》なるものよと　われらを憐れまば、
神は　直ちに　聖寵を　汝らに垂れむ。

見よ　ここに　われら絞《くび》られて、五人、六人。
飽食に養はれたる肉體も
既にはや　啖《くら》ひ裂かれ　腐れ果て、
野晒《のざらし》の髑髏《どくろ》となつて、塵埃に歸す。
誰人も　われらの非業《ひごふ》を　嘲笑《わら》ふ勿れ。
ただ神に　われらの罪の恩赦《みゆるし》を祈らせ給へ。

『筑摩世界文学大系』（鈴木信太郎訳　筑摩書房）

◇悪名高い罪人の詩《うた》

パリ大学で文学を学んだ後に人生の裏街道に入り込む。殺人にかかわり、逃亡、収監、放浪を続け、死刑判決を受けたこともあるという。獄中で、自らの刑場での死を予期し、見つめ、言葉を記すさまには、鬼気迫るものがある。

芥川龍之介の「或阿呆の一生」や太宰治の「ヴィヨンの妻」に、この悪徳の詩人からの触発が伺える。

▼**「閑吟集」**（1518成立）

梅花《ばいか》は雨に　柳絮《りゅうじょ》は風に　世はただ嘘《うそ》に揉《も》まるる
何《なに》せうぞ　くすんで　一期《いちご》は夢よ　ただ狂へ
世間《よのなか》は霰よなう　笹《ささ》の葉の上《え》の　さらさらさっと　降るよなう
『新訂　閑吟集』（浅野建二校注　岩波文庫）

▼ロンサール（仏　1524〜1585）

さんざしが咲いた、
　　みどり
岸いちめんに、
野葡萄の腕
　　のびて、
すそを巻いてる。

――

茂れ、さんざし、
　茂れ、
いつまでも、斧、
風、かみなりも、
　時も、
おまえを倒すな。

『フランス名詩集』（井上究一郎訳　ちくま文庫）

◇フランス・ルネサンスの星
日本で言う星団の「すばる（昴）」は、フランスでは「プレイヤード」。ロンサールを「主星」とする一団の詩人は「プレイヤード派」と呼ばれ、清新な詩風でフランス詩に改革をもたらしたとされる。この「さんざしへのオード」には、日本の和歌、俳句の世界にも通ずる抒情が感じられる。

▼**カモンイス**（ポルトガル　１５２５？～１５８０）

風は気性の荒い牡牛のように、
吼《ほ》えながら暴れ、ますますその勢いを増し、
細い支索に突きあたって鋭い声を発する。
恐ろしい電光も雷鳴も、終わる気配がなく、
身の縮むような雷鳴は思わせる、
天が軸から外れて地上に落ち、四大が
たがいに戦っているのではないかと。
『ウズ・ルジアダス　ルーススの民のうた』（池上岑夫訳　白水社）

◇大航海時代への讃歌

ポルトガルは、世界最大のユーラシア大陸の西の果てにある。その地理的な優位を活かして、大西洋対岸の米大陸やアフリカの先のインド亜大陸へ進出し、隣国のスペインと共に大航海時代の先駆けとなった。

「ウズ・ルジアダス」は、訳書の副題にあるように、ポルトガル人の祖とされるルーススの子孫たちを詠った長編の叙事詩。自国民の海外進出を誉め讃え、一方で邪魔者のイスラム世界への呪いを詠っている。カモンイスも「時代の子」ではあったが、ポルトガルでも一番西のはずれのロカ岬の断崖にも掲げられている彼の一行に、時空を超えた詩情を感じる。

ここに地果て、海始まる。

日本列島に隣り合う朝鮮半島に発したユーラシア大陸がインド、中近東、東・中欧を経て遂にこの地で果て、足元から大西洋が始まる。水平線の彼方には米大陸があり、更にそのはるか先に太平洋が広がっている。かつて、岬の断崖に立ちながらこの一行をかみしめると、民族・国家の枠を超えた、地球への、そしてあらゆる存在への讃歌のように思われた。

▼シェークスピア「ソネット集・詩篇」（イギリス　１６０９）

あゝ、貪婪《たんらん》なる「時《とき》」よ、獅子《しゝ》の手の力を奪ふも可なり、
地をして其可憐《そのかれん》なる雛《ひな》を貪食《たんしょく》せしむるも可なり、
猛《たけ》き虎の腭《あぎと》より其鋭き歯牙を抜き去るも可なり、
長生《ちやうせい》すべき鳳凰《ほうわう》を生きながら焚《や》き殺すも可なり、
汝《なんぢ》の疾駆《しつく》につれて気候を楽しくもし又わびしくもする、將《は》た可なり。
あゝ、脚《あし》早き「時」よ、汝が欲する如何《いか》なる事をもなせ、

廣き世界の、やがても衰《おとろ》へゆくべき諸《もろ》ろの美に対しては。
されどわれは、一のいとも〳〵憎むべき罪悪を汝に禁ず。
あはれ、わが愛友《あいいう》の艶麗《えんれい》なる額《ひたひ》には、汝、ゆめ刻《こく》を刻《きざ》む勿《なか》れ。
又、そこに汝の古びたる筆をもて、ゆめ一線《せん》をだに描く勿れ。
汝は如何《いか》に進前《しんぜん》すとも、彼《か》れのみは汚《けが》されであらしめよ、
後《のち》の幾世々《いくよゝ》の為《ため》に美《うつく》しき物の亀鑑《きかん》たらしむべく。
　さばれ老いたる「時」よ、如何に汝が最悪を行《おこな》はむとすとも、
　わが愛友はわが詩句《しく》の力によりて長永《とこしなへ》に若く生きむ。
『シェークスピヤ全集』「詩篇　十九」（坪内逍遥訳　中央公論社）

この逍遥訳は一九三四年、昭和九年に刊行された。その後、日本では一〇に余る翻訳がなされてきたというが、ここに、同じ詩の二〇〇八年刊行の訳を掲げる。

すべてを貪《むさぼ》り食う「時」よ、ライオンの爪を鈍らせよ
大地におのが美しい子孫を貪り食わせろ。
猛り狂う虎の顎《あご》からその鋭い牙を抜き取れ
長命な不死鳥は生きながら焼け。

足早の「時」よ、駆け去りながら、
季節を楽しくも悲しくもするがいい、この広い世界と
その色褪せてゆく美しいものたちに好きなことをするがいい。
ただし、極悪非道の罪を犯してはいけない
私の愛する人の美しい額に時を彫りつけてはいけない
おまえの古びたペンでそこに線を描いてもいけない。
後世の人々にとって美の模範となる
この人を「時」の素早い経過で汚してはならぬ。
しかし、年老いた「時」よ、悪事を犯してもいい、
いかに悪事を働こうと、恋人は私の詩の中でとわに若い。
『シェイクスピアのソネット集』(吉田秀生訳　南雲堂)

◇苛烈な「時」に詩で挑む
彼ほどまで多く、世界中の人々の心に残る言葉を紡ぎ出した詩人・作家もいないだろう。「生か、死か、それが問題だ」「嫉妬は緑色の目をした怪物」「人間世界は皆舞台」「きれいはきたない。きたないはきれい」——。

「ハムレット」「マクベス」「ベニスの商人」などが世に出て約四百年たった今も、戯曲は世界で読

まれ、演じられている。古代ギリシャの悲・喜劇の傑作群と比肩する大きな作品世界を、独りで築きあげた。民族・国境を超える「世界の文学」にまでなったのは、鮮やかな筋書や詩情を湛えたセリフの妙もさることながら、キリスト教という一宗教の枠を超えた普遍的な人生観や人間観を備えていたからだろう。

ここでは、彼の詩才が直接発揮された百五十余篇の十四行詩（ソネット）に頻繁に出てくる「Ｔｉｍｅ（時）」に着目する。

「時《とき》」は、宗教、民族や時代等の別なく、常に人生と共にある普遍的なテーマであり、悩ましい問題でもある。右に引いた「十九番」の他の、「時」に絡む詩句を抜き出してみる。

残暴《ざんぼう》なる「時《とき》」が、彼《か》の「衰頽《すゐたい》」と共謀して、
穢《きたな》き夜《よる》と化《くわ》せしめむとするを目前《もくぜん》に見えしむ。
（十五　逍遙訳）

「時」は青春の華やかな色艶《つや》を奪い去り
美の額にいくつもの深い皺《しわ》を刻み
自然の生んだ完璧な被造物を貪《むさぼ》り食らう
（六十　吉田氏訳）

シェークスピアは「時」を、命を刈り取る鋭い鎌《かま》にも例えている。確かに、時間は人間の手には負

えないものの代表格であり、生きものは齢《よわい》を重ねることから逃れられない。「時」は、誰にとっても動かし難い、まことに苛烈な座標軸である。

古《いにしえ》以来、数多《あまた》の詩人たちが、この「時」の苛烈さや人生の無常、転変を詠み続けてきた。古くて新しいテーマだが、シェークスピアの詩篇には、その苛烈さに正面切って抗《あらが》い、克服しようとする強靭な意志が感じられる。

目を覚ませ、怠け者のミューズよ、愛する人の
美しい顔に「時」が深い皺を刻んでいないか調べよ。
もしあれば、「時」の破壊を風刺する詩を書け
「時」の略奪行為が世間の嘲笑の的《まと》になるように。
(百　吉田氏訳)

「時」の利鎌《とがま》の刈るや、何物も堪ふる能《あた》はず。
さばれ君の徳を讃《ほ》むるわが此詩《この》は
来《きた》らむ「時」に堪へむ。彼《か》れ如何《いか》に残忍に振舞《ふるま》はむとも。
(六十　逍遙訳)

遙かに時を超えて、未来にも、君と我が詩は生き続ける——。「時」の苛烈さを繰り返し詠みつつ、詩によって「時」に挑み、詩の永遠性を詠った。この、「詩人の魂」は、戯曲の方にも通底していた

ことだろう。歴史は、彼の自負、願望、予言が間違っていなかったことを示している。

シェークスピアが他界した一六一六年には、「ドン・キホーテ」のセルバンテス、江戸幕府を開いた徳川家康が没している。

世界は、大航海の時代から植民地の獲得競争に向かっていた。

日本では、世界に目を向けた奥州の伊達政宗が家康の死の三年前に支倉常長をカトリックの聖地・ローマに派遣するが、徳川幕府はこの宗教を禁じ、国を閉ざした。

イギリス、オランダ、フランスで、相次いで「東インド会社」が設立され、アジアでの支配権を競う。イギリスからのメイフラワー号がアメリカに到達、北米大陸の植民地化も本格化していった。

第三章　絶対王政から近代社会・都市群衆の出現へ

第二章では、いわゆる中世からルネサンス・大航海時代に至る一千余年の東西の詩句の世界を辿った。三章では、シェークスピアが没した十七世紀の前半からゲーテ、ポーらを経てボードレールに至る二百余年を巡歴する。西欧列強による世界の分割・植民地化と互いの戦争が頻発し、やがて絶対王政も倒されてゆく。日本では、芭蕉、近松、蕪村から幕末・開国の頃までに相当する。

仏大革命や産業革命を経た近代社会の憂愁を詠ったボードレールが没した一八六七年、日本では漱石、子規、露伴、熊楠、紅葉らが出生、翌年に明治の時代が始まった。そこまでの二百余年に生み出された文芸・詩歌には、現代のそれらへと繋がる「地続き感」のある作が増えてゆく。

▼「**おもろさうし**」（沖縄・奄美　1623年までに集成）

一　東方《あがるい》の大主《ぬし》
　　明《あ》けまもどろ　見《み》れば
　　へにの鳥《とり》の舞《ま》ゆへ　見物《みもん》
又　てだが穴《あな》の大主《ぬし》

――東方の大主（太陽）よ、明けもどろの日の出の燦然たるさまをみていると、鳳凰がキラキラしながら舞っている。そのさまの、なんと、みごとであることよ。

一　ゑけ　上《あ》がる三日月や　　アレ、上がる三日月は
又　ゑけ　神《かみ》ぎや金真弓《かなまゆみ》　　アレ、神の金真弓である
又　ゑけ　上《あ》がる赤星《あかぼし》や　　アレ、上がる明星は
又　ゑけ　神《かみ》ぎや金細矢《かなまゝき》　　アレ、神の金細矢である
又　ゑけ　上《あ》がる群《ぼ》れ星《ぼし》や　　アレ、上がる群れ星は
又　ゑけ　神《かみ》が差《さ》し櫛《くせ》　　アレ、神の差し櫛である
又　ゑけ　上《あ》がる貫《の》ち雲《くも》は　　アレ、上がる横雲は
又　ゑけ　神《かみ》が愛《まな》きゝ帯《おび》　　アレ、神の愛御帯である

『おもろさうし』（外間守善　岩波書店）

◇空と海と人と

中国大陸の東端の海辺に立って、遙か東方を望んだことがある。大海原の先までは見えはしないが、日本列島が細長い一本の縄のようになって大海に浮かんでいるかのように思われた。欧州からこの浜辺まで延々と続いてきたユーラシア大陸のとてつもない幅の広さとの対比から湧いた感興で、その「細さ」には愛おしさも覚えた。

しかし、細いとはいえ実際にはかなりの横幅はあるから、朝に海から上る太陽を見、夕には海への

落日を見られるような地点は、本州あたりでは稀であろう。小さな島ならば、そうした地点は少なくないはずで、島と島が点在する沖縄や先島諸島に住む人々は、毎日の朝日、夕日だけではなく、月や星、雲の姿をも水平線と共に見続けてきた。

ここに引用した二篇の「おもろ」からは、その海と空と天体への畏れと愛着がひしと伝わってくる。「おもろさうし」は、十七世紀までに琉球・首里王府によって採録、集成された。海洋の民の思いが込められた貴重な古謡集で、太陽や星への思慕の歌が印象深い。

沖縄本島から更に西方の大海に浮かぶ与那国島は、日本の最西端の地として知られる。この島を訪ねた時、東の端の岬を東崎《あがりざき》、西の岬を西崎《いりざき》と呼んでいることを知り、その簡明・率直な命名と力強い言の葉の響きに感じ入った。「おもろさうし」に繰り返し出てくる「東方《あがるい》」とのつながりもうかがえる。時には台湾までも望めると聞いた西崎《いりざき》に立ちながら、太陽が海からあがる時と海に入る時という、一日の始まりと終わりの時に対する島の人たちの思いの深さを偲んだ。

島に限らずとも、一日の始まりを告げる夜明け時には太古の天地創造の様を想起させる趣がある。夜の闇がほどけ、天文薄明を経て新しい朝が生まれる。その瞬間を空中で体感しようと思い、高度一万メートルの機上で、いわば宙空の一点になってみたことがあった。その時、大自然による壮大な沈黙の交響に包まれながら、より遠くに、より遙かに感じられたものから順に記す。

天　星　日　月　空　水　雲　地　人

沖縄で「おもろさうし」が成った頃、イギリスではジョン・ダン（1573〜1631）が「日の出」という詩で太陽を「恋の邪魔者」のように仕立てて、こう詠んだ。

うるさい老いぼれの無法な太陽よ。
どうしてお前は
窓をおかし、カーテンをおかして、ぼくたちを訪れるのか。
恋人の季節はお前の運行に従わねばならないのか。
生意気な、先生面《づら》したお前は
朝寝坊の生徒や仏頂面の奉公人でも叱っているがいい。
宮廷の猟人に王様のお出ましを告げればいい。
田園の蟻に冬籠りの準備を命じていればいい。
不変の恋には季節も風土もない
分時も、日月もない。そんなものは時間の断片にすぎないのだ。

『筑摩世界文学大系』（「名詩集」篠田一士訳）

ジョン・ダンよりやや後の時代のフランスの文筆家ラ・ロシュフコーは、その「箴言録」の中で、人間が正視できないものとして、「太陽と死」を挙げている。

太陽に向ける視線・視座はさまざまだが、そもそも太陽が無ければ地球も人類も存在しなかった。太陽から遠ざかれば凍りつき、近過ぎれば引き寄せられて熔かされる。あらゆる存在の根源でもあるが、その太陽にもやはり寿命はあって、いずれは大きく膨張して地球を呑み込むとの説もある。

首里城の「おもろさうし」は、十八世紀に火災で失われ、後に再編纂された。太平洋戦争の沖縄戦の戦火で再び失われたとみられたが、米国軍人によってアメリカに持ち去られていたことが判明し、返還運動の末、一九五三年に里帰りを果たした。

▼ゴンゴラ（スペイン　1561〜1627）

人よ嗤え
我は我

地上はいずこの国々も
政治の話に沸くがいい
わが毎日は軟かな

パンに焼き菓子
冬の朝ならリキュールと
蜜柑の砂糖煮
これある限り事もなし
　人よ嗤え我は我

『筑摩世界文学大系』(「名詩集」　荒井正道訳)

◇聖職の詩人

スペイン南部のコルドバに生まれ、聖職に就く。「人よ嗤え　我は我」からは、日々のささやかな営みを慈しむ視線と洒脱な一面とがうかがえる。

国王の名誉教戒師となったゴンゴラは、古都トレドで、ギリシャ出身の画家グレコと親しくしていたはずだと、仏文学者の澁澤龍彦氏が書いていた。上下に長く引き伸ばされ、天上に浮揚するかのような独特の人物像を描いたグレコの死に際してゴンゴラは、その画業を讃える詩を捧げた。

おお汝、道行く人よ、この荘厳な石の塊り、
この斑岩の輝かしき鍵が、
かつて木に魂を、また布に生命を吹き込んだ

霊妙きわまりなき絵筆を地上から隠すのだ。

グレコここに眠る。世界はグレコから芸術の遺産を受けた。芸術は学問の、虹《イリス》は色彩の、太陽《ポイボス》は光線の、夢《モルペウス》は影の遺産を受けた。

『澁澤龍彦　西欧作家論集成』（河出書房新社）

トレドは首都マドリードの南郊にあって、大聖堂を中心とした街並みは、今もなお中世の面影を色濃く残している。ゴンゴラとグレコが生きた頃には、日本・九州のキリシタン大名がローマに送った少年使節団もトレドに立ち寄ったが、スペインが西欧世界を席巻する時代は終わりかけていた。台頭するイギリスがスペインの無敵艦隊を破り、清教徒革命や王政復古という大きな転変を経て、現代にまで通ずる議会制の社会に向かいつつあった。その激動の十七世紀の英国で、反王政の旗を振りつつ詩作を続けたのが、ジョン・ミルトン（１６０８〜７４）だった。王政復古で痛恨の敗北を喫しただけではなく、家庭生活の破綻・離婚、そして失明という過酷な生の中で「失楽園」や「復楽園」を綴る。

そのころ日本は、江戸・元禄の時代を迎えていた。西鶴、芭蕉、近松のような、現代人にとっても「地続き感」を覚える文人が輩出、奈良・平安期以来の詩的な文芸の花が開いた。

▼芭蕉（1644〜94）

❖『芭蕉 おくのほそ道』（萩原恭男校注　岩波文庫）より

月日《つきひ》は百代《はくたい》の過客《くわかく》にして、行《ゆき》かふ年も又旅人《たびびと》也。舟の上に生涯をうかべ馬の口とらえて老《おい》をむかふる物は、日々《ひび》旅にして、旅を栖《すみか》とす。古人も多く旅に死せるあり。

行《ゆく》春《はる》や鳥《とり》啼《なき》魚《うを》の目は泪《なみだ》
あやめ草足に結《むすば》ん草鞋《わらぢ》の緒《を》
夏草や兵《つはもの》どもが夢の跡
閑《しづか》さや岩にしみ入《いる》蟬《せみ》の声
五月雨《さみだれ》をあつめて早し最上川
雲の峰幾つ崩《くづれ》て月の山
暑き日を海にいれたり最上川
荒海《あらうみ》や佐渡によこたふ天河《あまのがは》
一家《ひとつや》に遊女もねたり萩と月
むざんやな甲《かぶと》の下のきり〴〵す
蛤《はまぐり》のふたみにわかれ行《ゆく》秋ぞ

❖以下は、青年期から臨終までに芭蕉が残した約一千句からの時系列の抜粋で、「おくのほそ道」は、一行を空けた「おもしろうて」と「うきわれを」の間に位置する。

門松やおもへば一夜三十年
枯枝に烏のとまりたるや秋の暮
二日酔《ふつかゑひ》ものかは花のあるあいだ
しにもせぬ旅寝の果《はて》よ秋の暮
明《あけ》ぼのやしら魚しろきこと一寸
山路来て何やらゆかしすみれ草
古池や蛙《かはづ》飛《とび》こむ水のをと
名月や池をめぐりて夜もすがら
さま〳〵の事おもひ出す桜かな
蛸壺《たこつぼ》やはかなき夢を夏の月
おもしろうてやがてかなしき鵜舟哉

うきわれをさびしがらせよ秋の寺

初しぐれ猿も小蓑《こみの》をほしげ也
頓《やが》て死ぬけしきは見えず蟬の声
衰《おとろひ》や歯に喰《くひ》あてし海苔《のり》の砂
むめがゝにのつと日の出る山路かな
菊の香やならには古き仏達
此道《このみち》や行人《ゆくひと》なしに秋の暮
此秋は何で年よる雲に鳥
秋深き隣は何をする人ぞ
旅に病《やん》で夢は枯野をかけ廻《めぐ》る

『芭蕉俳句集』（中村俊定校注　岩波文庫）

◇一行・十七字の宇宙

字数や行数が定まった定型詩には、中国の絶句（四句）やペルシャのルバーイー（四行）、欧州のソネット（十四行）などがある。これらと比べても、日本の定型詩の和歌・俳句は短く、特に俳句は最短・一行の詩として異彩を放っている。

この五・七・五という十七字（音）の世界は、どれほど狭いのか、あるいは広いのか。

仮に「五十音」のかな文字の一つに、もう一つのかなを付けて二字にするとする。意味を成すかどうかは別として、単純計算ではこれだけで組み合わせは二千数百通りになる。三字では約十二万通り、四字で六百万、俳句の上五《かみご》にあたる五文字になると、三億通りにもなる。

これに中七《なかしち》、更には下五《しもご》が累乗的に加わってようやく十七字の一句を成すから、その言語空間は無限に大きく、広いと言えよう。定型俳句では、数文字を季語に充てるとしても、この宇宙的なとてつもない広さは揺るがない。そして、そこに示されるかなや漢字には、わずか一字であっても詩情を感じさせるものがある。

う　く　し　ほ　よ

こうした文字を見ていると、それぞれの一字の彼方に、詩的な情景が浮かんでくる。例えば「し」であれば、誌や紙や市、史、私、子、詩、思、死、使、至、等々の文字世界へのつながりや連想を誘う。欧米の人たちも、AやSやO等の彼方に詩情を覚えるのだろうか。あのランボーは、「Aは黒、Eは白……」と、母音それぞれの色を詠っていたが。

かな文字の母体である漢字が詩情を醸す力は、かな以上に強い。例えば、『おくのほそ道』から漢字のみを適宜抜き出しただけで、当時の日本の光景が、情感を伴いながら浮かんでくる。

行　鳥　光　木　野　田　柳　風　島　月　道　草　雨　川　雲　山　海　花　天　家　秋

更に漢字は、ローマ字のような表音文字には無い、物の姿かたちに由来する絵画的な魅力までも持ち合わせている。こうした漢字とかなで成り立つ言語は、詩的なものや感興を表すのに適しているのかもしれない。しかし、だからといって、漢字とかなによって言葉の芸術としての詩にまで到達することは、極めて難しい。ある人物の表白・表現が、時空を超えて人の心に響き続けることが芸術作品の要件とすれば、芭蕉は、言の葉によってその境地にまで到達した極めてまれな文人だった。

　生涯繰り返した旅は、人生の根幹を一行で示すことを求める遍歴であり、生み出された句は、その長い遍歴の詩《うた》・オデュッセイアだった。それは、人の生の転変や機微、哀楽、出会いと別れ、自然との交感など、数多《あまた》の人々にとっても重く普遍的なテーマにおいて、時代を超える共感・共鳴を獲得する。このオデュッセイアを齎《もたら》したのは、芭蕉本人の絶妙な言葉の選択、構成、彫琢と、彼の長い道行の「杖」となった先人らの残した詩文の蓄積だった。芭蕉は、俳句という詩的文芸の価値と可能性を大きく押し広げ、今日までの俳句世界の拡大の原動力ともなった。

　ボードレール以降の詩人が、どこかでボードレールの詩を意識せざるを得ないのと同様に、芭蕉以後に俳句を詠む人は、芭蕉の句をどこかで意識せざるをえないだろう。芭蕉は大きな目標となり、希望になり、また「壁」にもなった。「壁」というのは、芭蕉という分厚く高い壁に倚《よ》りかかることで自らの遍歴・探究が緩みがちになる一面を指すが、この大きな「壁」を近く遠くに見ながら、プロ、アマを問わず数多の人々が長い年月、それぞれに集い続けている。

　以前、私も知人達との素人句会に連なっていたことがあった。宗匠は戴かず、その名も「盃句会」と、句の上に盃を戴くような気安い会なので、私自身では修練という心構えは弱かった。とはいえ、日本語は、六十余年に亘って日々連れ添ってきた長い道連れであり、付き合い方は今もなお難しい。その「厳粛にして懐かしい道連れ」と、いっときの座を成して向き合い、一行・十七字の世界に漂っていた。

▼近松門左衛門（1653〜1724）

この世の名残《なごり》。夜も名残。死ににゆく身をたとふれば　仇《あだ》しが原の道の霜。一足づつに消えてゆく。夢の夢こそ　あはれなれ。
あれ数ふれば　暁《あかつき》の。七つの時が六つ鳴りて　のこる一つが今生《こんじやう》の。鐘の響《ひび》きの聞き納め。寂滅為《じやくめつゐ》楽《らく》と響くなり。

「曽根崎心中」（信多純一校注『新潮日本古典集成』）

◇「世話物」の源流

芭蕉より九歳下の近松は、この浄瑠璃で心中という人生の彼岸への道行を詩的に、そして和歌、俳句には無い音曲と共に詠いあげた。実際に大坂で起きた心中事件をもとに、人の生の重い柵《しがらみ》と、そこからの永遠の解放としての情死という究極の選択を物語に仕上げ、文字通り、世人の耳目を集めることに成功した。七五調の畳みかけが、息苦しいまでに切ない。

▼蕪村（1716〜83）

春雨や小磯《こいそ》の小貝《こがひ》ぬるゝほど
遅き日のつもりて遠きむかしかな
春の海終日《ひねもす》のたり〳〵哉
几巾《いかのぼり》きのふの空のありどころ
菜の花や月は東に日は西に
牡丹《ぼたん》散《ちり》て打《うち》かさなりぬ二三片《にさんぺん》
愁《うれ》ひつゝ岡にのぼれば花いばら
さみだれや大河《たいが》を前に家二軒
月天心《てんしん》貧しき町を通りけり
こがらしや何に世わたる家五軒
斧《をの》入《いれ》て香におどろくや冬こだち
稲《いな》づまや浪《なみ》もてゆへる秋《あき》つしま

門《もん》を出《いで》て故《こ》人《じん》に逢《あひ》ぬ秋のくれ

『蕪村俳句集』（尾形仂校注　岩波文庫）

◇「郷愁」と宇宙感覚と

芭蕉、近松より半世紀余り後に生まれる。芭蕉を慕い、蕉風の復興を目指した。後世、萩原朔太郎は、蕪村を「郷愁の詩人」と呼び、その「ポエジイの実体」を、こう述べた。

――それは時間の遠い彼岸《ひがん》に実在している、彼の魂の故郷に対する「郷愁」であり、昔々しきりに思う、子守唄《こもりうた》の哀切《あいせつ》な思慕であった。実にこの一つのポエジイこそ、彼の俳句のあらゆる表現を一貫して、読者の心に響いて来る音楽であり、詩的情感の本質を成す実体なのだ。

『郷愁の詩人　与謝蕪村』（岩波文庫）

確かに、「遅き日の」をはじめ、「几巾《いかのぼり》」「門を出て」など、「魂の『故郷』に対する郷愁」を思わせる作は多い。ただ、蕪村には、もう一つ、スケールの大きい宇宙感覚の鮮やかな表出がある。「菜の花や」「稲づまや」には、天と地と光との交響を見、聞くような壮大な世界へと誘う力がある。それは、芭蕉の「荒海や」、「おもろさうし」の「東方の大主《あがるいぬし》」などでの宇宙感覚にも通じている。鋭敏な詩人や詠み手にとっては、宇宙や天体もまた、「時間の遠い彼岸に実在している、魂の故郷」なのだろう。

芭蕉や蕪村が示した俳句の魅力の一つは、こうした壮大な宇宙感覚から地上の細やかな営みや人生の機微に至るまでを、わずか一行で詠い得るという点にある。

本書の「はじめに」に、こう書いた。

——詩作とは、いわば人と時代の営みの本質を一行で示そうとする試みではないか。

一行で詩を成そうとする俳句は、そうした試みの象徴的な存在ともいえる。一行で、きっぱりと地上に立つかのような秀句の佇《たたず》まいには、潔さも感じられる。もちろん、その詩句が深い詩情を湛えているかどうかは、一行か、数行か、長行かなどといった詩の形式とは別のことではあるが。

蕪村の晩年にあたる十八世紀の後半以降、欧米では世界史に格別の太字で記されるような革命的な大変動が続いた。

一七七六年にアメリカがイギリスからの独立を宣言、その十余年後からのフランス大革命で絶対王政が崩され、ナポレオンが欧州制覇を目指して君臨したあげくに倒れる。科学・技術が急激に発達し、産業革命に至る。この大変動を、ほぼあまねく見聞きし、体感していたのが、ドイツの長命の詩人・政治家で科学者でもあるゲーテだった。

▼ゲーテ（独　1749〜1832）

水に書きたる歌なれば
しづかに河岸をながれゆけ

『ゲーテ詩集』（大山定一訳　創元選書）

ファウスト　手を打とう！
わしが瞬間に向かって、
とどまれ、おまえは実に美しい！　と言ったら、
きみはわしを縛りあげてよい。
その時はわしは喜んで滅びよう！
その時はとむらいの鐘がひびくがよい。

「ファウスト」（高橋健二訳　河出書房新社・世界文学全集）

涙と共にパンを食べたことのないものは、
悩ましい夜々を床の上で、
泣き明かしたことのないものは、

おん身たち、天の力を知らない。

「立て琴ひき」

憂いよ、去れ！　――ああ、されど、死すべき人間なれば、
生ある限り、憂いは去らず。
避け難《がた》きものとあらば、来たれ、愛の憂いよ、
他の憂いを追いて、なんじひとりわが胸を領せよ！

「甘き憂い」

凡《およ》そ自由の使徒というものは常に私の気に食わなかった。
結局みんな自分のわがままを求めているに過ぎない。
多くの人を解放するつもりなら、進んで多くの人に仕えよ。
その難《かた》さを知らんと欲《ほっ》するか。ならば先《ま》ず試みよ！

「何ゆえ、私は移ろいやすいのです？
おお、ジュピタアよ」と、美がたずねた。
「移ろいやすいものだけを
美しくしたのだ」と、神は答えた。

星のごとく
急がず、
しかし、休まず、
人はみな
己《おの》が負い目のまわりをめぐれ！

『ゲーテ詩集』（高橋健二訳　新潮文庫）

わが享《う》けし土地の　美しさ　広さ　果てしなさ！
時こそわが所有の地　時こそわが耕《たがや》す畑

東方は神のもの！
西方は神のもの！
北と南の領域は
平和な御手の上に安らぐ。

「西東詩集」
『詩に誘われて』（柴田翔訳　ちくまプリマー新書）

少年《こども》の時は含羞家《はにかみや》で我儘で
青年の時はお洒落《しゃれ》で尊大で
中年になると仕事に身が入《はい》り
老人になると気軽で気まぐれで！
おまへの墓碑の上にはかう読める
これは真に一個の人間だった！

「墓碑銘」　『ゲエテ詩集』（生田春月訳　新潮社）

詩人がもしモラルを説けば、詩人はつまらぬ説教師でしかないだろう。

『ゲーテ全集』（大山定一訳　人文書院）

◇歴史と文化の「人間交差点」

ゲーテは、詩の世界だけに留まらず、人生行路で出会う様々な座標軸の交点に立ち、考え、書き続けた。

古代・古典を知り、当代を知り、未来をも知ろうという、人類の歴史・時間軸への射程の長い視座をもっていた。

西洋文化を極めつつ、東洋の文化の深みをも知り、その交差から霊感を汲みとる。晩年、中国の古い小説を読み、秘書・エッカーマンにこう述べた。

――われわれの祖先がまだ森の中に住んでいた頃から、もうこういうものを持っていたのだ。

『ゲーテ全集』（伊藤武雄訳　人文書院）

そして、国家、民族を超えた「世界文学」を提唱する。

――国民文学というものは今ではもう大して意味をもっていない、世界文学の時代が来ようとしている――

ワイマール公国の重臣として統治に努め、戦陣にも赴き、ブルジョア革命の波とも相対した。秩序を重んじ、反乱、混乱、放縦に対しては厳しい姿勢を示す。

解剖学や植物、地質・鉱物、光学等の研究にいそしみ、魔術と科学との交差点にも立つ。「ファウスト」では、実験室のフラスコの中で人造人間・ホムンクルスが語り始める場面を描いた。

詩人・作家であり、科学者でもあった点ではゲーテと通底する宮沢賢治が遺した蔵書には、「ファウスト」の原書も含まれていたという。（小倉豊文「賢治の読んだ本」『宮沢賢治』有精堂）

ゲーテは、八十二年余の長い人生を現役の詩人として生き抜いたが、六十七歳で十六歳下の妻に先立たれ、八十一の年には息子がローマで客死した。情熱の世界でも長く生き、七十四の年に十九の娘に求婚する。最後の恋は実らなかったものの、その「哀歌」は詠い残した。

十九世紀初頭のヨーロッパの芸術と政治を象徴するような二人の人物、ベートーベン、ナポレオンとも面談し、約半世紀書き継いできた「ファウスト」を完成・脱稿した翌年に他界する。

そのころ英国では、世界に先駆けて鉄道が開通する。時代は、産業革命の本格的な進行と資本主義体制の方へと向かっていた。独立を果たしたアメリカが台頭し、フランスでは大革命後の近代化の波が高まる。この、現代にまでつながる大きな歴史の潮流の中、アメリカではエドガー・ポーが、フランスではボードレールが、大都会の憂愁や群衆の妖しいざわめきを詠い始めた。
ゲーテからポーに至る間に生まれた詩人・作家と作品（一部伝承を含む）を、足早ながら辿る。

▼**ウィリアム・ブレイク**（英　1757〜1827）

「病むばら」

おお　ばらよ　おまえは病む！
吼《ほ》える嵐のなか
夜に飛ぶ
目に見えぬ虫が

虎よ！　虎よ！　あかあかと燃える
闇《やみ》くろぐろの　夜の森に
どんな不死の手　または目が

おまえの怖ろしい均整を　つくり得たか？

「虎」

特権をひけらかす　テムズ川の流れに沿い
特権をひけらかす　街々《まちまち》を歩きまわり
ゆききの人の顔に　わたしが見つけるものは
虚弱のしるし　苦悩のしるし

「ロンドン」

頭は崇高を、心臓は哀憐《あいれん》を、生殖器は美を、手足は釣合を。

「地獄の箴言」

『ブレイク詩集』（寿岳文章訳　岩波文庫）

▼良寛（１７５８〜１８３１）

来てみればわが古里は荒れにけり庭もまがきも落葉のみして
霞立つ長き春日を子どもらと手まりつきつつこの日くらしつ
うらを見せおもてを見せて散るもみぢ

散るさくら残るさくらも散るさくら

▼**一茶**（1763～1827）

痩《やせ》蛙まけるな一茶是《これ》にあり
是がまあつひの栖《すみか》か雪五尺
めでたさもちう位なりおらが春
我と来て遊べや親のない雀
やれ打つな蠅が手をすり足をする
又ことし娑婆塞ぞよ草の家

▼**ヘルダーリン**（独　1770～1843）

しかし男子は、もしそうしなくてはならないなら、怖れの心なく
孤独のまま神の前にとどまるのである。そのとき彼を護るのは単純さだ。

いかなる武器もいかなる策謀も必要ではない、
やがて神の欠如が彼を助けるまで。

「詩人の天職」
『ヘルダーリン』（手塚富雄　中央公論社）

▼**ワーズワス**（英　1770～1850）

地上にこれほどまでに美しい光景があろうか。
その壮麗さがかくも心を打つ光景を
見過ごして行き去る者を鈍感と呼ぼう。
この都市はいま、まるで華やかな衣装のような
朝の美しさを身に纏《まと》う。物言わず、あらわに、
船や、塔や、円屋根や、劇場や、教会が
広野と大空とにその姿を見せている――

「ウェストミンスター橋で　1802年9月3日創作」
『ワーズワス詩集』（山内久明編　岩波文庫）

▼パーシー・シェリー（英　1792〜1822）

底知れぬ海よ！　歳月はおまえの波なのか
「時」の海よ　おまえの深い悲しみの波は
人の世の涙で　あまりにもにがい！
おまえ　はてしない汐《うしお》よ

「時」

詩は、永遠の真理のうちに表現された生の表象にほかならない——詩人は、とらえがたい霊感の祭司である。未来が現在のうえに投げかける巨大な影をうつす鏡である。みずからの理解しないことを表現する言葉である。

「詩の擁護」

『シェリー詩集』（上田和夫訳　新潮文庫）

▼シェリーの妻・メアリー（英　1797〜1851）

——この怪物が言った、「人間はみな不幸なものを憎むものだから、あらゆる生きものよりみじめなおれが憎まれねばならないわけだ！」

『フランケンシュタイン』（山本政喜訳　角川文庫）

▼キーツ（英　１７９５〜１８２１）

聞《きこ》ゆる楽の調《しらべ》は美しい、さあれ　聞えぬものこそ
更に優りて美しい。されば　ゆかしき笛よ、やまず奏でよ
――
おお　アッティカの形姿、美しき佇《たたず》まいよ、うら若き
男女の像を大理石《なめいし》に彫り帯に象《かたど》り廻《めぐ》らせたる
――
「美は実相《まこと》、実相は美――これのみが　地上に於《おい》て
汝らの識《し》りかつ識るを要するすべてなれ」と。

「ギリシャの壺のオード」
『キーツ詩集』（宮崎雄行編　岩波文庫）

▼**バルザック**（仏　１７９９〜１８５０）

「シルヴィー、いったいどうしたの。もう十時十五分まえじゃないの。わたしをいつまでも寝かせっぱなしにしておいてさ。こんなこといままであったためしがないわ」

「霧のせいですよ。まるで庖丁《ほうちょう》で切れるくらいの濃い霧ですもの」

『ゴリオ爺さん』（高山鉄男訳　岩波文庫）

▼**アンデルセン**（デンマーク　１８０５〜７５）

「ローマから、わたしは来ました」と、月が言いました。「あの都のまん中にある七つの丘の一つに、皇帝宮の廃墟があります。野生のイチジクが壁の裂目《さけめ》から生え出て、広い灰緑色《かいりよくしょく》の葉で壁の素肌をおおっています——

『絵のない絵本』（矢崎源九郎訳　新潮文庫）

▼アロイジウス・ベルトラン（仏　１８０７〜４１）

黒いゴンドラが大理石の館に沿って滑って行った、ケープの下に短剣と角灯をしのばせて、夜の仕事に走る刺客《ブラヴォ》のように。

『夜のガスパール』（及川茂訳　岩波文庫）

▼ポー（米　１８０９〜４９）

子供時分からぼくは他の子たちと違っていた——
他の子たちが見るようには見なかったし
ふつうの望みに駆られて夢中になったりしなかった。
悲しさだって、他の子と同じ泉からは
汲みとらなかった——

「ひとりで」

科学よ！　お前は「古い時代」の生んだ娘！
　その何でもさぐる眼で何もかも変えてきたが、

なぜ詩人の胸の中までこじ開けるのだ、おまえは
　両方の翼がつまらぬ現実でできた禿鷹だ。
「ソネット――科学に」
『ポー詩集』（加島祥造編　岩波文庫）

――私はある秋の日の夕暮れにロンドンのD――コーヒー店の大きな弓張窓のところに腰かけていた――私の前を通る人々の大部分は満足した、忙しそうなようすをしていて、ただ人込みのなかを前に進むことだけしか考えていないようだった。彼らは顰《しか》め面をして眼をすばしこく動かし、他のものが自分に突きあたっても怒らないで、服装をなおしてそのまま急いで行った。

「群衆の人」（吉田健一訳　新装・世界の文学　中央公論社）

◇植民地から欧州への逆照射

ポー。

この、簡潔で不思議な響きを持つ名前は、還暦をかなり超えたこの身を、一瞬のうちに小学生だった昭和三十年代へと引き戻す。

「黄金虫」の鮮やかな謎解き、「メールストロムの渦」の黒髪を真っ白に変えた恐怖、「モルグ街の殺人」の意外な犯人像、「盗まれた手紙」の仕掛けを超えた仕掛け――。木造校舎を照らす夕陽や図

書室の沈黙、給食のアルミコップ・脱脂粉乳などと共にあった頃に、ポーという渦に引き込まれた。

やがて、彼の探偵小説や謎解きからは離れていったが、幼時に父親が失踪し、母が病没するといった辛い人生行路を辿ったポーが、妻に先立たれた後に酒に溺れ、野垂れ死にのような最期を迎えたことは読んでいた。そして、あのボードレールの世界に入って、彼がポーの作品に激しく触発され、その詩情を讃え、フランスでの紹介、称揚、翻訳に尽力していたことを知る。

エドガー・ポオの生涯はなんといたましい悲劇であることか！——私が読みえたすべての文献から、私には、合衆国が畢竟大きな牢屋にすぎなかったのであり、彼はそれを、もっと香ぐわしい世界に生きるようつくられた生き物の熱にうかされたような焦燥をもって、はせめぐったのである、という確信が生まれた。

「エドガー・ポオ、その生涯と作品」
『ボードレール全集』（平井啓之訳　人文書院）

ポーは、植民地・アメリカがイギリスからの独立を宣言して約三十年・一世代後にボストンで生まれた。両親を失った後、養父に連れられて英国に渡り、ロンドン郊外で教育を受け、帰国する。その体験をも映した後年の作が、いわば旧大陸・欧州に逆照射する形で持ち込まれ、新鮮な感動を齎した。

「群衆の人」もそうした作品の一つで、大都会の群衆の中の一人を執拗に追う物語に、ボードレールは、時代の象徴としての「都市群衆」を見出したのだろう。

▼ボードレール（仏　1821〜67）

❖『悪の華』（鈴木信太郎訳　岩波文庫）より抜粋

自然は神の宮にして、生《せい》ある柱
時をりに　捉へがたなき言葉を洩らす。
人、象徴の森を経《へ》て　此処を過ぎ行き、
森、なつかしき眼相《まなざし》に　人を眺む。
「交感」

ルウベンス、忘却の河、懶惰《らんだ》の園《その》、爽《さは》やかな肉の枕だ
レンブラント、騒《ざわ》めきの盈《み》ちた悲しい施療所だ
ゴヤは、未知な事物に充ちて、魘《うなさ》れる夢だ
「灯台」

——おお苦しさ。この苦しさ。時が命《いのち》を啖《くら》ふのだ。
そして陰鬱な仇敵は　俺たちの心臓を蝕《むしば》んで、
その失つた血を啜《すす》り、育つて力が強くなるのだ。

「仇敵」

われは　美し、人間よ、あたかも石の夢の如し。

「美」

千年生きてゐたよりも、なほ多い思出を　俺は持つてゐる。

「憂鬱」

俺は　傷であつて　また　短刀だ。
俺は　撲《なぐ》る掌《てのひら》であり、撲《なぐ》られる頬だ。
俺は　車裂《くるまざ》きにされる手足で、また裂く車だ。
犠牲《いけにへ》であつて　首斬役人《くびきりやくにん》だ。

「我とわが身を罰する者」

巴里は変る、然し私の憂鬱の中では　何も
動かなかつた。新築の王宮も、組まれた足場も、石塊も、
古い場末の町々も、私にとつて一切が寓意となつて、

なつかしいわが思出の数々は　岩より重い。　「白鳥」

古い都会の入り組んで紆《うね》つた街路の襞《ひだ》の奥、
一切が、恐怖でさえも、魅力と変るやうな場所で、
どうにもならぬ持前の気分のままに、俺は
奇妙な、老耄《おいぼ》れた、可愛らしい人物どもを　待伏せる。　「小さい老婆たち」

話してくれ、旅人たちよ、何を見たのか。　「旅」

おお　死よ、年老いた船長よ、時が来た、錨を揚げろ。　「旅」

❖『巴里の憂鬱』（三好達治訳　角川書店）より抜粋

——お前は誰が一番好きか？　云つてみ給へ、謎なる男よ、お前の父か、お前の母か、妹か、弟か？

——私には父も母も妹も弟もゐない。

——友人たちか？

――今君の口にしたその言葉は、私には、今日の日まで意味の解らない代ものだよ。

――お前の祖国か？

――どういふ緯度の下にそれが位置してゐるかをさへ、私は知つてゐない。

――美人か？

――そいつが不死の女神なら、欣んで愛しもしようが。

――金か？

――私はそれが大嫌ひ、諸君が神さまを嫌ふやうにさ。

――えへつ！　ぢや、お前は何が好きなんだ、唐変木の異人さん？

――私は雲が好きなんだ、……あそこを、……ああして飛んでゆく雲、…………あの素敵滅法界な雲が好きなんだよ！


「異人さん」

大衆の泉に涵るといふことは、誰にも許されてゐる能力ではない。群衆を楽しむことは、一つの芸術である――大衆《ミユルテイテユード》と孤独《ソリテユード》と、この二つの言葉は、生気あり詩想豊かなる詩人にまで、共に相等しく互に置き換へらるべき言葉である。

「群集」

なるほど彼女は醜い。しかし彼女は心を奪ふ！

「名馬」

人の世の闘ひに疲れた魂にとつては、港こそこよなき休息所である。空の広大無辺、流れゆく雲の建築、移ろひやまぬ海の色、煌めく灯台、それらは、絶えて人の眼を疲らすことなく、ひたすらにそれを慰める不思議なプリズムである。

「港」

この人生は一の病院であり、そこでは各々の病人が、ただ絶えず寝台を代へたいと願つてゐる。

「どこへでも此世の外へ」

この心満てり、我れ今山上に立つ。ここよりして能く都の全景を眺め讃ふべし。病院、娼家、煉獄、地獄、徒刑場。

かしこに一切の偉大は花咲けり、一輪の花の如くに、我れが憂苦の守護者《まもり》、おおサタンよ、汝ぞ知る、我れのかしこに行きしは、甲斐なき涙を流さんとにはあらざりしを。

おお、我れは汝を愛す、原罪の首府！　娼婦らよ、強盗どもよ、汝らの、神を信ぜぬ俗人の絶えて知るなき快楽《けらく》を、げにかくも屢々捧げ齎すかな。

「エピローグ」

◇「時代《とき》の肖像」を刻む

パリに生まれ、パリに生き、パリに死す。

パリを愛し、パリを憎み、パリを求めた。

ボードレールの生と詩は、この街と切り離せない。

パリの、幅広く長い街路や町並の原型はボードレールの青年期にあたる十九世紀の中葉に形づくられた。

フランス大革命と恐怖政治、皇帝ナポレオンの君臨、二月革命、共和制等を経て、時代はナポレオンの甥・ルイによる第二帝政期に入っていた。その治世の下、パリを含むセーヌ県の知事オースマンがパリ市街の大改造を進める。

かつて市民らがバリケードを築いた入り組んだ路地を潰して広く真っすぐな大通りに変え、一方では下水道を整備する。現代に通ずる近代的な都市が生まれ、街灯に照らされた通りを群衆が満たす。

ポーの人生と作品に、自らと通底する感覚と懊悩《おうのう》を感知したボードレールは、残された路地という大都会の襞《ひだ》を巡りつつ、首都パリの憂愁と悪徳と美を詠った。「悪の華」は、反道徳的だとして起訴され、一部詩篇の削除と罰金が科される。しかし、背徳や醜悪の中にも美を透視する衝撃的な詩作に対する称揚はユゴーからランボー、ヴェルレーヌ、ヴァレリーらに受け継がれ、その詩・精神の影響は広く世界にも及んでゆく。ボードレールの詩作の画期的な意義を、一世代後のヴェルレーヌはこう述べた。

　ボードレールの深い独創性は、私の考えでは、現代人というものを力強くそして本質に迫りながら示している点にある。過度の文明が作りだした洗練された現代人は、鋭くふるえる感覚や苦悩する繊細な精神をもっており、こうした感覚の個別性を、彼はみごとに描いた。未来の歴史家が十九世紀を調べる時には、この時代の全要素が凝集した精髄ともいえる『悪の華』の頁を、注意深くめくらなければならないだろう。

『ユリイカ・総特集ボードレール』（佐藤東洋麿訳）

　古代のギルガメシュ、ホメーロスの叙事詩に始まり、サッフォーや「詩経」の抒情詩、ギリシャ詩劇、ローマのユウェナーリスらの諷刺詩などへと展開した詩の世界は、ルネサンス期のダンテやシェークスピアらを経て、ボードレールで「時代の全要素が凝集した精髄」にまで到達した。

　本書・第一章のユウェナーリスの項で、その諷刺詩は「古代ローマの肖像」を活写して伝える詩的散文であり、「その時・その時代」を詠んだ「叙時詩」として、近・現代のメディアの報道・批評にも通ずる視座が伺える、と述べた。

　ボードレールの詩作は、そうした「叙時詩」の一つの到達点でもあり、近代都市が生まれつつあった「時代《とき》の肖像」を現代に伝える貴重な「媒体・メディア」にもなっている。

「悪の華」の方は、言葉の芸術としての詩の集成という感が強いが、「巴里の憂鬱」には、彼と時を共にして生きていた人々とその時代の営みへの肉薄という趣がある。発想、テーマは生・愛・憎・老・美・醜などと抽象的でありつつ、記述の方は細かく刻んで具体的に、いわば目に見えるようにして書き記したジャーナリスティックな詩的散文にもみえる。

「巴里の憂鬱」は、韻を踏んだ定型詩や小説、物語、戯曲、エッセイ、記事、評論のどれでもなく、しかも、そのどれとも通底するような言葉による芸術の世界があり得ることを示した。その「発見」の舞台が、現代の大都市の原型の一つともいえるパリだった。このことが、後代の人々に対して、「予言」を聞く思いや切実感、そして今につながっているという「地続き感」を齎し続けている。

第四章　「ボードレール後」から二十世紀、世界大戦へ

前章では、十七世紀の「シェークスピア後」から芭蕉、ゲーテらを経て仏大革命、産業革命の時代に至る二百余年の東西の詩の世界を辿った。第四章では、十九世紀中葉の「ボードレール後」の辺りから、国を開いた日本や新興・アメリカでの詩・文芸の展開、そして世紀が変わって初の世界大戦に至る頃までに詠まれ、また編まれた詩句の世界を巡る。

▼ホイットマン（米　1819〜92）

ひとに固有の自我をわたしは歌う、単純独立の一個の人間を、
でも、《民主的《デモクラティック》》の語を、《大衆《アン・マス》》の語を口にする。
——
生理学について頭の天辺から足の爪先までわたしは歌う、
《男性》どうよう《女性》をば、わたしは歌う。
——
《近代人》を、わたしは歌う。
ウオルト・ホイットマン、ひとつの宇宙、マンハッタン児、

乱暴で、肥り肉《じし》で、官能的で、食い、飲み、種つけをし、
感傷に耽らず、世の男女の上に超然とせず、また離れてもいず、
無作法ではないが、かといって控えめでもない。

徒歩で、心も軽く、わたしは大道に魅《ひ》きつけられる、
健康で、自由、世界はわたしの前にある、
わたしの前にある長い褐色の路は、わたしの撰ぶどこへでも導いていく。

『ホイットマン詩集』（木島始訳編　思潮社）

◇槌音高い時代を詠う

「草の葉」で知られるホイットマンは、独立を果たしたアメリカが台頭し、国を二分した南北戦争（１８６１〜６５）や、リンカーン（１８０９〜６５）の統治する時代を、息長く生きた。欧州からの植民者にとっては新しく広大な土地に槌音が響き渡る時代に、欧州世界にはなかったような、率直かつ粗削りで野性の咆哮のような詩句を綴る。大空の下、大地を踏みしめてすっくと立つ己を見つめ、その己を信じつつ未来を切り拓こうとした。

夏目漱石は、早くもホイットマンが没した頃に、その詩作のユニークさと大きさを「平等主義」に着目して論じている。

――「ホイットマン」の平等主義は如何にして其詩中に出現するかといふに第一彼の詩は時間的に平等なり　次に空間的に平等なり　人間を視ること平等に山河禽獣を遇すること平等なり　平等の二字全巻を掩ふて遺す所なし

『漱石全集』（岩波書店）

アメリカの独立とその肥大・拡張は、先住民への圧迫や、移住・立ち退きの強要をもたらした。

▼アメリカの先住民の詩《うた》

ああ　わたしたちの母なる大地　父なる空よ
あなたがたの子どもであるわたしたちは
あなたがたが大好きなものを
疲れた背に負って
持ってきました

だからわたしたちに

光の服を織ってください
朝の白い光を縦糸に
夕日の赤を横糸に
降る雨を房飾りに
空にかかる虹を縁取りに

「空のはた織り機の歌」

わたしの目が
草原を見わたすと
春のなかに夏を感じる

「春の歌」

友よ、あなたは遠くへ行った
友よ、彼らは泣いている
戦いは北であった
友よ、あなたは遠くへ行った
友よ、彼らは泣いている

「戦歌《いくさ》」

悠久を生きるものはない

悠久を生きるものはない
悠久を生きるものはない
この大地とあの山以外は

「死の歌」

阿部珠理『大地の声――アメリカ先住民の知恵のことば』（大修館書店）

◇天と地と共に

アメリカの先住民に文字は無く、その詩句は、代々口づてに受け継がれたという。阿部さんによれば、白人社会の文字が書かれた紙や書籍を、Ｔａｌｋｉｎｇ Ｌｅａｖｅｓ「喋る葉っぱ（紙）」と呼んだ。

十九世紀半ば以降、アメリカ政府による強力な同化政策が進められ、先住民の言語は減らされていった。それでも生き残った詩句は、果てしない空と大地と共に生きてきた先住民のこころと思いを、今に伝え続けている。

先祖から代々受け継いできた土地を白人に割譲するように要求された時の族長の言葉もまた、その一つと言えよう。

「どうすれば空気を売ったり買ったりできるのか？　大地の温《ぬく》もりは売ったり買ったりできるものなのか？　私にはおよそ理解できない。この甘い空気も湧きあがる泉も、もともと私たちのものでないとしたら、どうやってそれを買うというのか」（同書から）

この言葉は、同じ世紀を生きたロシアの文豪が記した一言を連想させる。

――土地は人身と同じように売買の対象であってはいけない。土地の売買は隠れた人身売買である。

トルストイ『文読む月日』(北御門二郎訳 ちくま文庫)

▼エミリー・ディキンソン(米 1830~86)

「希望」は羽根をつけた生き物――
魂の中にとまり――
言葉のない調べをうたい――
けっして――休むことがない――

詩人はランプに火をともすだけ――
みずからは――消えていく――
詩人は芯をかき立てる――

ことばは死んだ

口にされた時、
という人がいる。
わたしはいう
ことばは生き始める
まさにその日に。

『対訳　ディキンソン詩集』（亀井俊介編　岩波文庫）

◇アメリカの「幅」

ホイットマンの、前向きで確信的な詩句の群れとはかなり趣の異なる内省的な詩を残した。生前には、世間に知られることもなかったという。

ホイットマンやディキンソンの生きたこの時代、植民者・アメリカは、数多の先住民を迫害し、同時にアフリカから拉致された数多の黒人を売買し、隷従を強いた。血塗られたアメリカ開拓の歴史ではあるが、そうした中にも、自らを省みる精神の営みが皆無ではなかったことを、ディキンソンは想起させる。後代のアメリカ人にとって彼女の詩句は、アメリカの、そして人間の「幅」というものを示してくれる一つの救いにもなったのではないか。

▼黒人霊歌

❖『黒人霊歌は生きている』（ウェルズ恵子　岩波書店）より抜粋

兄弟が命の木に腰掛けている。
ヨルダン川は流れ、その音を聞く。
流れよ、うねるヨルダン川よ、流れよ、うねるヨルダン川よ。
流れよ、うねるヨルダン川よ、流れてよ！
おお、天使が行進する。おお、天使が行進する。
主よ、私の魂は天国によみがえる。その音を聞くために。ヨルダン川は流れるよ。
「流れよ、うねるヨルダン川よ」

この世の嵐が吹きすさむとき、　そばにいてほしい。
この世の嵐が吹きすさむとき、　そばにいてほしい。
荒海にもまれる船のように　私が世界に突き上げられたら、
風と水を支配するあなたよ、そばにいてほしい。
——
迫害のただ中で　そばにいてほしい。

迫害のただ中で　そばにいてほしい。
居並ぶ敵に　わが道を封じられたとき、
パウロとシラスを救ったあなたにこそ、そばにいてほしい。

「スタンド・バイ・ミー」

◇奪われた故郷と自由への叫び

大航海の時代を経て、大陸間での奴隷貿易が本格化し、植民大陸・アメリカでの開拓の進展とも重なって、アフリカからの拉致、人身売買は増え続けた。南北戦争やリンカーンの奴隷解放宣言などを経た後も、長くアメリカ社会の深い暗部となり続ける。

南北戦争の頃、欧州・フランスでは、ボードレールの衝撃を受けて、マラルメやヴェルレーヌ、そしてヴェルレーヌと友情を超えて繋がり、弾けたランボーらが、それぞれに高い詩の峰を築いた。

▼マラルメ（仏　1842〜98）

…………噫なんぢ、鏡よ、
愁によつてその縁《ふち》の中に凍りたる水よ、
いくたびも、いく時も、我が夢を悲み痛みて、

なんぢが底深き氷の下《した》に沈みたる
落葉《らくえふ》に似たるわが思出を求めつゝ、
われは汝《なんぢ》の奥にはるかなる影とあらはる。
しかも、あゝ、夕《ゆふべ》となれば冷然《れいぜん》たる泉の中《なか》に、
乱れ散るわが夢のはだか身を知る怖《おそれ》かな。

「エロディヤッド」（『上田敏全訳詩集』岩波文庫）

▼ヴェルレーヌ（仏　1844〜96）

秋の日の
ギオロンの
ためいきの
身にしみて
ひたぶるに
うら悲し。

鐘のおとに
胸ふたぎ
色かへて
涙ぐむ
過ぎし日の
おもひでや。

げにわれは
うらぶれて
ここかしこ
さだめなく
とび散らふ
落葉かな。

雨の巷《ちまた》に降る如く
われの心に涙ふる。
かくも心ににじみ入る

「落葉」（上田敏訳）

この悲みは何やらん？

「忘れた小曲」（堀口大學訳）

何ごとを措《を》きても先《さき》に　音楽を、
またそのために　茫漠と虚空《こくう》に融《と》くる
「奇数脚《きすうきやく》」の、厳《いかめ》しきはた粉黛《ふんたい》の
痕《あと》なき　律《しらべ》を重んぜよ。

「詩法」（鈴木信太郎訳）

『世界文学全集』（河出書房新社）

▼ランボー（仏　1854〜91）

❖『地獄の季節』（小林秀雄訳　岩波文庫）から抜粋

嘗ては、若し俺の記憶が確かならば、俺の生活は祭であつた、誰の心も開き、酒といふ酒は悉く流れ出た祭であつた。

在る夜、俺は『美』を膝の上に坐らせた。――苦々しい奴だと思つた。――俺は思ひつ切り毒づいてやつた。

俺は正義に対して武装した。

俺は母音の色を発明した。――Aは黒、Eは白、Iは赤、Oは青、Uは緑。

夏、朝の四時、
愛の睡りはまださめぬ、
木立には
祭の夜の臭ひが立ちまよふ――

また見付かつた、
何が、永遠が、
海と溶け合ふ太陽が。

◇天才少年の永遠の軌跡

ここまで、世界各国、各時代の詩人と詩作を辿ってきたが、やはりランボーの特異さというものは際立っている。ここに引用した著名な詩句の、類い稀な表白の鮮やかさや印象の深さもさることながら、彼の生の軌跡そのものが、詩的遍歴・オデュッセイアのようだ。

地方育ちの早熟の天才詩人が騒乱の首都・パリへ出奔し、気鋭の詩人との同性愛、発砲事件に至り、二十歳ごろには詩作を放棄、アフリカに渡って商人に転じ、三十七で早世する。

残された肖像の、目を細めて風に吹かれているかのような詩人の佇まいも、彼の辿った遍歴の伝説と響き合う。そしてランボーは、特異な詩作者であると共に、鋭い視座を備えた詩の論者でもあった。次に引用する知人宛の手紙からも、その才が伺われる。

詩人ならんと願ふものの第一に究むべきことは、自分自身を完全に知ることです。自己の魂を探究し、それを検討し、それを試み、それを把握することです。

「詩人」はあらゆる感覚の、久しい、宏大な、熟考された不羈奔放化によつて「見者」となるのです。

——眼に見えざるものを検ぶんしたり未聞のものを聞いたりすることは、静物の精神を捉へるなどといふこととはまた別問題で、その点ボオドレエルは第一の見者であり、詩人の王者であり、「ほんたうの神」とも云ふべきひとです。

『ランボオの手紙』（祖川孝訳　角川文庫）

ランボーは、詩の世界に突然のように現れ、輝き、瞬く間に消えてゆく彗星だった。星そのものは飛び去ったが、その軌跡は今もなお、世界の詩的空間に鮮やかに残り、妖しくたなびき続けている。十九世紀の後半から世紀末、そして新世紀の初めにかけては、欧州の各国のほか、アジアでも個性豊かな詩人が輩出する。

▼クリスティーナ・ロセッティ（英　１８３０〜９４）

英国で起きた美術運動の「ラファエル前派」を主導した画家ダンテ・ガブリエル・ロセッティの妹で、その洞察の深さや、柔らかくも鋭い表出の妙は、日本でも西條八十訳の「風」で、古くから親しまれている。

だあれが風を見たでしょう？
ぼくもあなたも見やしない。
けれど木《こ》の葉《は》をふるわせて
風はとおりぬけて行く。

『世界童謡集』（冨山房百科文庫）

▼ロートレアモン（仏　１８４６〜７０）

散文詩「マルドロールの歌」に、次の忘れ難い一行を残して早世、後年に欧州で起こったシュールレアリスム（超現実主義）の祖の一人とされる。

——解剖台の上でのミシンとこうもり傘の偶然の出会いのように美しい！

『ロートレアモン全集』（渡辺広士訳　思潮社）

▼ヴェルハーレン（ベルギー　１８５５〜１９１６）

都会

路はみな都会にむかふ。

煤煙のおくのかた、
かなた、階《かい》は階《かい》を重《かさ》ね、
幅広き大石段《だいせきだん》のかずかず、

絶頂《ぜつちやう》の階《かい》までも、天《てん》までも上《のぼ》る往来《ゆきき》の道となりて、
夢の如く都会は髣髴たり。

——

見よ、この市街を。——人波は大綱《おほづな》の如く、
大厦高楼のめぐりに絡《まつ》はるなか、
道は遠長く紆《うね》りて、見えつ隠れつ、
解《ほぐ》し難くうち雑《まじ》りたる群集《ぐんしふ》の、
手振《てぶり》狂ほしく足並《あしなみ》乱れ、
眼には憎《にくみ》の色を湛《たゝ》へて、
駈抜《かけぬ》く「時」をやらじとばかり、歯にて引留《ひきとゞ》む。

——

これ即ち触手ある大都会、
貪婪《どんらん》の蛸《たこ》に比すべし、骨堂《こつだう》なり、
威力ある屍《かばね》なり、
かくて諸《もろく》の路ここよりして遥に
かの都会にむかふ。

『上田敏全訳詩集』岩波文庫

▼**チェーホフ**（露　1860〜1904）

――二人は教会の近くのベンチに腰をおろして、眼下の海を眺め、沈黙していた。朝靄《あさもや》を透《とお》してヤルタの町がかすかに望まれ、山々の頂には白い雲がかかって静止していた。木々の葉はそよとも動かず、蝉《せみ》が鳴き、下の方からきこえてくる単調な鈍い潮騒《しおさい》は、われわれを待っている安らぎや永遠の眠りについて語っていた。

「犬を連れた奥さん」

ヴェルシーニン　わたしはよくこう思うんです。もし人生を最初から、それも自覚してやり直せたら、どうだろうって？　これまですごしてきた人生が、言うなれば、下書きで、もう一つの人生が清書だとしたら！

「三人姉妹」

『集英社版世界文学全集　チェーホフ』（原卓也訳）

◇ロシア帝国の斜陽を描く

チェーホフは、帝政ロシア・ロマノフ朝のたそがれの時代を生きた。崩れ、また消えてゆくものや人、家族、社会、体制、世界。その深い憂愁の中に生きる人間のドラマを、詩情を湛えつつ描く。医師としての解剖・腑分けの手腕が冴え、人や時代の営みの深層を言葉によって浮かび上がらせた。

「三人姉妹」に、こんな台詞がある。

——今や時は訪れて、われわれみんなの頭上に巨大な力が迫っているし、荒々しいはげしい嵐が訪れそうな雲行きです。

世紀が改まった一九〇一年に、モスクワ芸術座で初演された。現在の読者や観客は、その時代が帝政の末期に当たり、やがてロシア革命にまで至るのを史実として知っているが、当時の人々にはまだ見ぬ未来への予告・予言のように響いたのではないか。そして、二十一世紀に生きる人々は、革命で生まれた世界初の社会主義国が二十世紀の末に崩壊し、ロシアに帰したことも知っている。

そのロシアの地を私が訪ねたのは、二〇〇八年の初秋だった。世界を揺るがすリーマンショックの直後で、芸術座の近くの宿のテレビは一晩中、米国が引き起こした大混乱の世界各国への衝撃の様を映し続けていた。まだソ連邦崩壊の残響も感じられるこの地で、資本主義経済の破綻を見ているという妙な巡りあわせとなった。

翌日訪ねたクレムリン・赤の広場の「レーニン廟」には、その亡骸が死後八十余年たっても仰向けの状態で展示されていた。握りこぶしを固めた右手の辺りを手帖に書き写そうとした時、暗がりから音もなく近づいてきた係員に手帖を閉じられた。

モスクワでチェーホフが一時住んでいたという家は、東京で言えば山手通りか環状7号のような交通の激しい通り沿いの二階屋だった。造りはがっしりとしていたが、ほど近いトルストイの家が庭の木々も豊かに繁る大きな邸宅だったのに比べると、簡素な構えだった。伯爵家の出のトルストイと、祖父が農奴だったというチェーホフ。この世界的な二人の文人には交流があり、認めるところはお互いに認めあっていたという。

▼**タゴール**（印　1861〜1941）
❖『タゴール詩集・ギーターンジャリ』（渡辺照宏訳　岩波文庫）から抜粋

（一）

わが頭《かうべ》　垂れさせたまえ　君が
　み足の　塵のもと
わが高慢《たかぶり》は　残りなく
　沈めよ　涙に

日　落ちて　夕闇　到る

地《つち》の上《へ》に
いざ　河辺《かはべ》に　行きて　瓶《かめ》に水
汲みて来《こ》む
流るる水　滾《たぎ》つ瀬音《せのと》は
夕空に　満ちわたる
道の上に　われを喚《よ》ぶ
声すなり
河辺に　行きて　瓶に水
汲みて来む

（二一六）

痛まし　わが国　人人を侮るゆゑに
汝《なれ》　侮らるべし　衆人《もろひと》とともに
人並みの扱ひを
人人に拒み
前に立たせて抱き寄せぬゆゑに
汝　侮らるべし　衆人とともに

（一〇八）

限りのうちに　限りなき
　ものありと
今日　わが歌を終へて
　頻《しき》りに思ほゆ
　　調べ　止《や》めども　なほ
　　　いつ果つとも覚えず――
　　　沈黙《しじま》に　琴の音《ね》　響く
　　　　そこはかとなく

（一五六）

◇存在の源の方へ

インドの資産家の出で、英国留学の経験があるタゴール自身が英訳した「ギタンジャリ」を、英国に居た詩人W・B・イェイツが読んで感動し、出版に際して懇切な序文を寄せた。

――他の文学のどこにも見かけないような無邪気さ、素朴さが、小鳥たちや木の葉が子供たちにしたしいように、彼にしたしく感じさせ、また季節の移り変わりを、それらと私たちのあいだに思想などというものが発生する以前のような、重大な出来事として感じさせるのだ。

『ギタンジャリ』（森本達雄訳　第三文明社）

タゴールは一九一三年、東洋人として初めてノーベル文学賞を受け、ガンジーと共に祖国の独立運動にも力を尽くした。

▼フランシス・ジャム（仏　1868～1938）

首都・パリに集まる詩人らから遠く離れ、生まれ育ったスペイン国境に近いピレネーの山麓と田園を愛しつつ、詩作を続けた。

人は無鉄砲に星に名をつけてしまつた。
星には名なんかいらないと気づかずに。
そして彗星《はうきぼし》は何時《いつ》の何日《いつか》に闇の中に
現はれると云ふ数字のために
わざわざ出かけて来るのではないのです。

「雪のふる頃」
堀口大學訳詩集『月下の一群』（新潮文庫）

十九世紀の半ばに鎖国を解いた日本では、西欧からの文芸、科学・技術の師の招聘と、彼の地への留学・渡航が相次ぐ。それまで禁制・犯罪だった海外渡航が、対極の使命・国策へと転じた。森林太郎・鷗外がドイツへ、夏目金之助・漱石が英国、中江篤介・兆民がフランス、南方熊楠が米・英に渡ってそれぞれの地と擦《こす》れあい、古来の日本には無い新鮮な文化・文芸の息吹を持ち帰った。

▼森鷗外（1862〜1922）

羅馬《ロオマ》に往《ゆ》きしことある人はピアツツア・バルベリイニを知りたるべし。こは貝殻持てるトリイトンの神の像に造り倣《な》したる、美しき噴井ある、大《おほい》なる広こうぢの名なり。

森鷗外訳『アンデルセン・即興詩人』（岩波文庫）

「第二軍」

海の氷《ひ》こごる　北国《ほくこく》も
春風《はるかぜ》いまぞ　吹きわたる
三百年来　跋扈せし
ろしやを討たん　時は来ぬ
ふもとも繁《しじ》に　林なす

しるしの杭の　まだ白き
かたばかりなる　おくつきに
泣《な》みてぞ臥せる　敵味方

平和あらん平和あらじのあらそひに
耳をそむけてただ雲をみる

旗捲いて帰んなんいざ暮の秋

「新墓」

森鷗外『うた日記』（岩波文庫）

◇明治の文学の「長子」

開国後の近代詩・訳詩集の原型となる「新体詩抄」（外山正一ら著）が世に出て七年後の一八八九年、鷗外は、主宰する「新声社」の同人による訳詩集「於母影」を発表する。ドイツ留学の成果を示す試みで、ゲーテ、ハイネらの抒情詩の香気を典雅な訳文によって伝えた。鷗外の西欧の詩文への思いは深く、「即興詩人」は九年近い歳月をかけて訳出した。「国語と漢文とを調和し、雅音と俚辞《りじ》とを融合せむと欲せし……」と付言している。

一方、東京帝大医科卒の軍医として、日清、日露の戦争に従軍、日露の戦役で詠んだ詩、歌、俳句を「うた日記」として上梓する。「第二軍」のような、跋扈するロシアを討つという戦闘的な宣言で始まるが、実戦で死に直面し、林立する墓標の群れに、敵味方を超えた人間の悲惨を噛みしめたのではないか。

鷗外の日本への凱旋を祝って、東京・団子坂の自邸で宴が催される。その時の鷗外の様子を、息子の於菟が記している。

――父はしきりに戦争の話をして、その癖で右の肩をそびやかしながらロスケロスケと大声を出してゐた。私は戦争の影響で繊細な父の感情がラフになつたやうに感じた。

『父親としての森鷗外』（大雅書店）

明治の文学で画期的な上田敏の訳詩集「海潮音」は鷗外に献じられ、この「うた日記」には佐藤春夫が、自伝的な作「妄想」（岩波文庫）には斎藤茂吉が、それぞれに献辞的な解説を寄せている。日本の近代文学にとって謹厳な長兄のような鷗外だが、命がけの戦場体験と生還が、その内面に齎した揺らぎを、息子の眼は捉えていたようだ。

鷗外が、留学先のベルリンを舞台とする小説「舞姫」を発表した一八九〇年、英国軍医の父とギリシャ人の母を持つラフカディオ・ハーンが来日した。

▼ハーン・小泉八雲（1850～1904）

ハーンの妻・節子が残した「思い出の記」には、彼が好きだったものが列挙されている。そして、その一つである「虫」についてのハーンの語り口は独特で、いわば西洋と出会って拡張された日本語の妙味が感じられる。

――ヘルンの好きな物をくりかえして列べて申しますと、西、夕焼け、夏、海、游泳、芭蕉、杉、淋しい墓地、虫、怪談、浦島、蓬莱などでございました。

飼っていた松虫の切れ切れの声を聴いた時には、こう述べたという。

「あの小さい虫、よき音して、鳴いてくれました。私なんぼ喜びました。しかし、だんだん寒くなって来ました。知っていますか、知っていませんか、すぐに死なねばならぬということを。気の毒ですね、可哀相な虫」

『小泉八雲』（小泉節子・小泉一雄　恒文社）

ハーンは島根の松江で小泉セツと結婚、日本に帰化する。その後、熊本の五高、東大などで英語を教えたが、この二つの学舎でのハーンの後任の教師が夏目金之助、後の漱石だった。

▼夏目漱石（1867～1916）

まだ、五高の青年教師・金之助だった時、校内雑誌に「人生」と題する一文を寄せている。

空を劃して居る之を物といひ、時に沿うて起る之を事といふ、事物を離れて心なく、心を離れて事物なし、故に事物の変遷推移を名づけて人生といふ――

『漱石全集』（岩波書店）

後年の「草枕」の、「知に働けば角が立つ――」の件《くだり》に通ずるような、論理と律動と詩情との水際立った融合・合体が感じられる。

漢籍に通じ、漢詩も能くし、同い年の畏友・正岡子規からは俳句の指導を受けた。英国に留学中、病床の子規を気遣って、長文の「倫敦《ロンドン》消息」を書き送って励ます。しかし、結核に冒された子規の命脈は尽きようとしていた。

▼正岡子規（1867～1902）

僕ハモーダメニナッテシマッタ、毎日訳モナク号泣シテ居ルヨウナ次第ダ、ソレダカラ新聞雑誌へモ少シモ書カヌ。手紙ハ一切廃止――イツカヨコシテクレタ君ノ手紙ハ非常ニ面白カッタ。近来僕ヲ喜バセタ者ノ随一ダ――君ノ手紙ヲ見テ西洋へ往《いっ》タヨウナ気ニナッテ愉快デタマラヌ。モシ書ケルナラ僕ノ目ノ明イテル内ニ今一便ヨコシテクレヌカ（無理ナ注文ダガ）。

一九〇一年十一月、在ロンドン・夏目金之助宛

『漱石・子規往復書簡集』（岩波文庫）

門を出て十歩に秋の海広し

柿くへば鐘が鳴るなり法隆寺

いくたびも雪の深さを尋ねけり

元日や朝からものゝ不平なる

鶏頭の十四五本もありぬべし

大三十日《おほみそか》愚なり元日猶愚なり

柿くふも今年ばかりと思ひけり

一たびはつなぎとめたる玉の緒の
　いつかは絶えんあすかあさてか

真砂ナス数ナキ星ノ其中ニ

吾ニ向ヒテ光ル星アリ
瓶《かめ》にさす藤の花ぶさみじかければ
たゝみの上にとゞかざりけり

『日本詩人全集』（新潮社）

子規の故郷の四国・松山で俳句雑誌「ホトトギス」が創刊された九七年、新体詩の記念碑的な作品となる藤村の「若菜集」が刊行された。

▼**島崎藤村**（1872〜1943）

とほきわかれに
たへかねて
このたかどのに
のぼるかな
かなしむなかれ
わがあねよ

たびのころもを
　　とゝのへよ
　　　　　　　　　　　　「若菜集」

小諸なる古城のほとり
雲白く遊子《いうし》悲しむ
緑なす繁蔞《はこべ》は萌《も》えず
若草も藉《し》くによしなし
しろがねの衾《ふすま》の岡辺
日に溶《と》けて淡雪《あはゆき》流る
　　　　　　　　　　　　「落梅集」
　　　　　　　　　　　　　　　　『日本詩人全集』（新潮社）

長野県に生まれ、東京の明治学院に学ぶ。北村透谷らの「文学界」に寄稿するが、透谷の自殺などに遭って、九六年に宮城県仙台市の「東北学院」の教師となる。青春の瑞々しい情感を湛えた「若菜集」の詩の多くは、この一年ほどの仙台の時代に生まれた。

心の宿《やど》の宮城野よ
乱れて熱き吾身《わが》には

日影も薄く草枯れて
荒れたる野こそうれしけれ
「若菜集」

藤村は、仙台中心部の下宿で詩作に励む。「私の生涯はそこへ行つて初めて夜が明けたやうな気がした」。下宿の二階の自室に居ると、「遠く荒浜の方から海の鳴る音がよく聞えてきました」。山国で生まれ育った藤村青年の耳に、遠い海鳴りが、詩的な霊感の世界へと誘《いざな》うように響いていたかと想像する。

荒浜は、仙台市東端の太平洋の荒波が打ち寄せる浜辺で、私も幼い頃に海水浴や魚釣りにでかけた。当時の実家は、藤村の下宿よりも荒浜に近い所にあったが、海鳴りを聞いた記憶は無い。藤村が居た時代からは六十余年を経て、市街の雑音や自動車の騒音が海鳴りを消していたのかもしれない。痛ましいことに、荒浜地区は、二〇一一年三月の大震災の大津波によって壊滅的な被害に遭った。

▼与謝野晶子（１８７８〜１９４２）

二十世紀の初年の一九〇一年に、「みだれ髪」を世に問う。この年、大阪・堺の実家から出奔、与謝野鉄幹と結婚する。鉄幹が前年に創刊した文芸雑誌「明星」には、高村光太郎や石川啄木、北原白秋ら、その後の日本の詩歌界に輝く巨《おお》きな星たちが集うようになる。

清水《きよみづ》へ祇園《ぎをん》をよぎる桜月夜《さくらづきよ》
　　　　こよひ逢《あ》ふ人みなうつくしき
くろ髪の千すぢの髪のみだれ髪
　　　　かつおもひみだれおもひみだるる
産屋《うぶや》なるわが枕辺《まくらべ》に白く立つ
　　　　大逆囚《たいぎやくしう》の十二の柩《ひつぎ》
ああ皐月《さつき》仏蘭西《フラン》の野は火の色す
　　　　君も雛罌粟《コクリコ》われも雛罌粟

あゝをとうとよ、君を泣く、
君死にたまふことなかれ、
末に生れし君なれば
親のなさけはまさりしも、
親は刃《やいば》をにぎらせて
人を殺せとをしへしや、
人を殺して死ねよとて

二十四までをそだてしや。

『日本詩人全集』(新潮社)

日露戦争の最中の一九〇四年に「明星」に載せたこの詩は、大きな波紋を起こした。十一人の子を産み育てた晶子のたくましさと勇気に、彼女の詩的表白の手腕とが加わって、時代を象徴するような詩句が生み出された。

この戦《いくさ》にロシアが敗れる翌〇五年、首都サンクトペテルブルクで、民衆に官憲が発砲する「血の日曜日事件」を発端にロシア第一革命が起こる。モスクワでは、ボリス・サヴィンコフらテロリスト集団による帝国要人の暗殺事件も起きた。

▼サヴィンコフ(露 1879~1925)

サヴィンコフ(筆名ロープシン)は、社会革命党《エス・エル》戦闘団を指揮してテロを実行、爆弾を抱えて要人の命を狙うテロリストの生態を、その内側から生々しく、そして抒情をも交えて描いた。

モスクワでのセルゲイ大公の暗殺計画で、爆弾を手に駆け寄った大公の馬車の中に子供らの姿を見たことで投擲を踏みとどまった青年テロリストのことを、次のように書いている。

カリャーエフはアレクサンドロフスキー公園へやってきた。わたしに近づくと彼は言った。
「ぼくの行動は正しかったと思う。子供を殺すことができるだろうか？……」
興奮のあまり、彼はこれ以上口がきけなかった。

『テロリスト群像』（川崎浹訳　現代思潮社）

この一節を、単純に「詩的」と形容することは、はばかられる。しかし、人生の様々な営為において、目的と手段と人の命とが厳しく交差する極点に立った時の魂の表白として、時を超えて胸に迫るものがある。このカリャーエフの一行は、国境を越えて響き、例えばフランスのカミュも、この事件をモデルにした戯曲「正義の人々」を著している。

欧州の各国が同盟や協商で対立を深めつつあった一九一四年の六月、オーストリアの皇太子夫妻がサラエボでセルビア人に暗殺されたことがきっかけで、初の世界大戦にまで至る。

欧州の多くと世界の有力国を巻き込んだ戦争は、兵器の近代化による威力の飛躍的な増大もあって未曾有の戦死者を出した。ドイツ、オーストリア＝ハンガリーなどの同盟国とフランス、イギリス、ロシア、イタリア、アメリカ、日本などの連合国の戦いは終結までに四年余りを要した。その間に、多くの詩人、文人らもまた、それぞれの国の旗の下、敵味方となって戦い、傷つき、倒れ、生き延びた。

フランスの詩人・アポリネールは、一六年に戦場で頭に負傷し、終戦の年に死亡する。

▼アポリネール（仏　１８８０～１９１８）

ミラボー橋の下をセーヌ河が流れ
　われ等の恋が流れる
わたしは思ひ出す
悩みのあとには楽《たのし》みが来ると

　日も暮れよ　鐘も鳴れ
　月日は流れ　わたしは残る

「ミラボー橋」
『月下の一群』（堀口大學訳詩集・新潮文庫）

アポリネールは、パリで前衛的な美術運動を推進し、ピカソなど画家とも親しく交わった。その中の女性画家マリー・ローランサン（仏　１８８３～１９５６）と、一時恋仲になったという。二人はそれぞれに、セーヌに架かるミラボー橋の近くに住んでいたことがある。

ローランサンは後にドイツ人と結婚したが、大戦が勃発したため、敵国人となった夫とスペインに逃れた。その地で、外交官の父親と共に滞在していた堀口大學（１８９２〜１９８１）と出合う。大学の『月下の一群』には、彼女の詩も収められている。

退屈な女より
もつと哀れなのは
かなしい女です。

かなしい女より
もつと哀れなのは
不幸な女です。

——

追はれた女より
もつと哀れなのは
死んだ女です。

死んだ女より

もっと哀れなのは
忘られた女です。

「鎮静剤」

パリでアポリネールと交わった詩人の一人に、イタリア人のジュゼッペ・ウンガレッティがいた。大戦の勃発でイタリアに戻り、一五年から対オーストリアの戦線で塹壕での激しい戦闘を体験しながら詩作する。

▼**ウンガレッティ**（伊　1888〜1970）

辱《はずか》しめられた夜にぼくは立ちあっている

空は撃ち抜かれた
刺繍にも似て
一斉射撃で
兵士たちは
みな隠れた

壕のなかに
殻にこもった蝸牛《かたつむり》にも似て
一九一六年八月六日、第四高地の塹壕で

海へ出て
ぼくは
そよ風の
柩《ひつぎ》に入った
一九一六年八月二十四日、デヴェターキ
『ウンガレッティ詩集』（河島英昭編訳　小沢書店）

ドーバー海峡を越えて、イギリスからも数多の青年が大陸の戦線に送り込まれた。ウィルフレッド・オウエンは、一八年の秋、終戦のわずか一週間前に戦死する。それまでに、戦場の悲惨を詠う詩を書き残し、後に「戦争詩人」と呼ばれた。

▼**オウエン**（英　1893〜1918）

❖生前に計画していたという詩集の序文の一部

・私の主題は「戦争」である、「戦争」のあわれさである。

・詩はこのあわれさのうちにある。

・しかしこの悲歌はいかなる意味においても、いまの世代には慰めを与えない。次の世代には慰めとなるかもしれないものである。今日詩人のなし得るのは、ただ警告することだけである。それは、真の詩人は常に本当のことをいわなければならないからだ。

虫けらのように死ぬ者に、何の弔《とむら》いの鐘だ？
ただ大砲の恐ろしい怒りだけだ。
ライフル銃のど、ど、どと吃《ども》る急速調だけが、
彼らのいそぎの祈りを早口に唱《とな》えられる。

「悲運の青年への頌歌」

どうやら僕は戦場から逃げ出し、大戦争が
切り立たせた花崗岩《かこうがん》をずっと以前に抉《えぐ》りぬいた
深く鬱陶《うっとう》しいトンネルを降《お》りていったんだ。

だがそこも、うめき眠る人々で一杯だった、

――

友よ、僕は君が殺した敵だ。
この暗闇《くらやみ》でも君とわかったが、きのう僕を
突き殺した時も同じしかめ面《つら》をしたからだ。
僕は受け流したんだ、だが両手は、動かず冷たかった。
さあ、一緒《いっしょ》に眠ろう……

「奇妙な出逢い」
『世界名詩集大成』（中桐雅夫訳　平凡社）

遠くアメリカからは、前年に高校を出たばかりで十八歳のアーネスト・ヘミングウェイが出征を志願し、イタリアの前線に赴く。そこで、瀕死の重傷を負う。

▼ヘミングウェイ（米　１８９９～１９６１）
過酷な戦場の体験を基にして後年に著した「武器よさらば」に、イタリアの兵士との、こんなやりとりがある。

「戦争ほど悪いことは他にはありませんよ」

「敗戦はもっと悪いぞ」

「そんなことは考えられません。敗戦ってなんです。家に帰れることですよ」

今村楯夫『ヘミングウェイの言葉』（新潮新書）

負傷から約三か月後の書簡には、こう認めたという。

「この戦争には英雄などは誰もいません――英雄たちはみな死んだ者たちです……。死ぬことはいとも簡単なことです。ぼくは死というものを見、死とは何なのかが本当に分かっています」

これらの連合国軍に対する同盟国側のドイツでは、塹壕での苛烈な戦いを描いて世界的な作家となるレマルク青年が、西部戦線に送られる。

▼レマルク（独　1898〜1970）
僕はまだ若い。二十歳の青年だ。けれどもこの人生から知りえたものは、絶望と死と不安と、深淵のごとき苦しみと、まったく無意味なる浅薄粗笨《そほん》とが結びついたものとにすぎない。国民が互いに向き合わされ、逐い立てられ、何事も言わず、何事も知らず、愚鈍で、従順で、罪なくして殺し合うの

を、僕は見てきた。

一九一八年の夏……僕らは生れてから、いまだかつてこの世の生活なるものが、たとえその姿はみすぼらしくとも、この時ほど望ましきものに思えたことがない。

僕らの手は、地面だ。僕らの躰は、粘土だ。僕らの目は、雨水の溜りだ。僕らはそもそもまだ生きているのかどうか、われながらわからないのである。

『西部戦線異状なし』（秦豊吉訳　新潮文庫）

▼ヨアヒム・リンゲルナッツ（独　１８８３～１９３４）

詩集『動物園の麒麟――リンゲルナッツ抄』（板倉鞆音編・訳　国書刊行会）によれば、開戦の一四年に水兵として海軍に入隊、一七年には海軍少尉、掃海艇々長を務めた。

ミュンヘンやベルリンの酒場、劇場で自作の詩を朗読する寄席芸人でもあった。独特の人生の哀歓に触れた詩の中で、後に日本の歌手・高田渡がしみじみと唄っていた「哀れな草」が心に残る。

土堤の上ですかんぽは

レールの間に立っていた
急行ごとに気を付けをし
人の旅するを眺めていた

埃にまみれ　煙を吸い
肺をわずらい　うらぶれた
哀れな草　弱い茎
眼あり　心あり　耳もある

汽車は去り　汽車は近づく
哀れなすかんぽは
鉄道ばかり見て暮し
かつて汽船を見たことなし

ドイツのミュンヘンには、開戦後間もなく入隊を志願するオーストリア生まれの元・画家志望の青年がいた。二十五歳の彼は一兵卒として出征、西部戦線の塹壕などで闘い、一六年に負傷する。ついには敗戦をも体験、その憤懣を抱いて政治の世界へと足を踏み出す。後に、世界の二十世紀を語るのに欠かせない人物となるアドルフ・ヒトラーだった。

第五章　日本の「膨張と繚乱」の時代から第一次大戦後へ

第四章では、十九世紀中葉の「ボードレール後」の頃から、開化期の日本や新興アメリカでの詩・文芸の展開を経て、初の世界大戦に遭遇した各国の詩人・文人らの作までを辿った。一千万人もの命が失われたとされる大戦は、欧米各国の戦後の詩・文芸にも影響を及ぼしてゆく。日英同盟下の日本は、ドイツの根拠地・青島《チンタオ》や南洋諸島に出兵して占領し、アジアでの支配圏を拡張してゆく。大戦の時期は大正時代の前半にあたるが、明治の末からこの頃までの十年には、開国以来の、そして今に至るまでを含めても稀なほどに多彩で大きな詩・文芸の花が開いた。第五章では、膨張する日本での「百花繚乱」の時代を中心に、大戦後の各国での詩作、そして二度目の世界大戦に向かう途上で生まれ、また編まれた詩の世界を巡歴する。

まず、北原白秋が最初の詩集「邪宗門」を上梓した一九〇九年・明治四十二年からの十年間に着目する。

――われは思ふ、末世《まつせ》の邪宗《じやしゆう》、切支丹《きりしたん》でうすの魔法。

この、「邪宗門」の異国情緒あふれる詩句は、開国後の西洋からの詩・文芸、宗教等の輸入・摂取の一つの到達点を示す艶《あで》やかな華となった。そして、この年から第一次大戦が終わる一八年・大正七年までの十年には、日本の近代文学史に残るような作が集中して生み出されている。「繚乱の時代」、ないしは「繚乱の十年」とも言えるこの期間に発表・刊行された主な詩歌作品を挙げる。

北原白秋　「邪宗門」「思ひ出」「東京景物詩及其他」
与謝野晶子　「青海波」「夏より秋へ」
石川啄木　「一握の砂」「呼子と口笛」「悲しき玩具」
若山牧水　「別離」「路上」「みなかみ」
斎藤茂吉　「赤光」
高村光太郎　「道程」
萩原朔太郎　「月に吠える」
室生犀星　「抒情小曲集」

この十年は、散文・小説の方の充実ぶりも著しい。

森鷗外　「ヰタ・セクスアリス」「雁」「阿部一族」
夏目漱石　「それから」「門」「行人」「こころ」「明暗」
永井荷風　「ふらんす物語」「すみだ川」「腕くらべ」
島崎藤村　「家」「新生」

志賀直哉　「城の崎にて」
谷崎潤一郎　「刺青」
芥川龍之介　「羅生門」「鼻」「地獄変」
佐藤春夫　「病める薔薇（田園の憂鬱）」

この十年間の前半に啄木が、後半には漱石が他界しているが、これらの詩人・文人が、ほぼ時を共にして筆を走らせている様《さま》は、壮観だ。後に繰り返し編まれる日本文学全集の主だった著者が、ここに併存し、並走している。今から百年前に現出した、この「繚乱の十年」が、近代日本の詩・文芸の高峰となり、後進の大きな目標や、容易には越えがたい壁にもなってきた。

この十年とは、幕末の開国から約半世紀を経た頃にあたる。長い鎖国によって閉ざされ、「純粋培養」の状態にあった日本に、欧米の文芸・文化が流れ込んできた。しかも、入って来たのは同時代の文芸だけではなく、古代ギリシャ・ローマの神話やキリスト教の世界からルネサンスのダンテ、シェークスピア、そしてゲーテ、ボードレールに至るまで、本書でこれまでに辿ってきた数千年に及ぶ歴史の厚みを持つ詩・文芸の膨大な累積がどっと押し寄せてきた。これは、極めて稀な事態だった。例えば欧州等の地続きの国などでは、国の境界や関門はあっても人や文化は行き交い、ほぼ時を共にして影響し合い、闘い、並走してきた。

それに対して、明治期の日本は、世界史上にも稀な「一気的文化混合の実験場」となり、諸外国には無かったような激しい擦れあいから様々な反応が起こり、火花が散った。そうした反応や火花は、直ちに現われ、見えるものだけではなく、より深く構造的なものは、一定の「潜伏期」や醸成期間を経てから全面的に表出する。半世紀という、人の生でいえば二世代近くにも及ぶ欧米文化との激しく多様な反応の積み重ね、継続が、鷗外、漱石ら明治の「第一世代」には円熟を齎す醸成の期間となり、「第二世代」に近い白秋や朔太郎、龍之介らが鮮烈にデビューするまでの「潜伏期」になったと思われる。この半世紀の後半には、新聞、雑誌など出版媒体・メディアの興隆と読者層の広がりがあり、職業としての文人を成り立たせるだけの市場の形成と拡大も、「繚乱の十年」を導く要因となった。

そして、「潜伏期」については、次のような見方もできよう。

白秋は「邪宗門」を上梓する二年前に、九州の天草などを旅している。キリスト教会を訪れたり西洋人の教父に出会ったりしたことで、切支丹・南蛮文学への霊感を得たとされる。

この一か月ほどの旅は、詩歌雑誌「明星」の主宰者で当時三十代だった与謝野鉄幹と、二十代の白秋、吉井勇、太田正雄（木下杢《もく》太郎）らの五人連れで、彼らの紀行文「五足の靴」は、明治期の青年の心情をよく伝えている。その、岩波文庫版に所載の宗像和重氏の精妙な「解説」によると、旅に先立って、杢太郎は上野の図書館に通い、天草の乱の関係の書物を漁り、抜書きをしていた。その狙いを、杢太郎が記している。

「二三年前ゲエテのイタリア紀行を読み、それに心酔してゐましたから、さふいふ見方で九州を見てやらうといふ下心でした」

本書の第一章で触れたが、ワイマール公国の若き重臣だったゲーテは、憧れの地・イタリアに身を置いて、「これからは詩人として生きてゆく」という霊感を得たとされる。その「イタリア紀行」は、古代ギリシャ・ローマの文化・芸術に思いを寄せて綴られ、末尾は、ローマ皇帝によって突然の流刑に処された詩人オウィディウスのローマへの哀惜を詠った詩で結ばれている。二十世紀初頭の青年・杢太郎、白秋らと、その百年前のゲーテ、そして紀元前のオウィディウスや皇帝アウグストゥスが、時を超えて貫く一筋の糸でつながったかのようだ。オウィディウスやゲーテが書き、時に磨かれて古典となった詩・文学の力の強さと息の長さとを改めて感じさせられる。その古典が引き金になり、公共の図書館という新しい文化の装置の中で、明治の青年が詩想を膨らませていた。

白秋の「邪宗門」が世に出るまでの「潜伏期」は、幕末の開国期を起点として数えれば半世紀ほどで、天草の乱からなら三百年近くになる。しかし、ゲーテを介したオウィディウスの時代にまで遡れば約二千年、更にオウィディウスが傾倒していたギリシャ神話の世界までのつながりを辿るなら数千年にも及ぶ。

古典文学は常に、未来のどこかで画期的な花を咲かせる可能性を秘めて「潜伏」している。

人類が文字を手にして以来、その悩みや惑いを書き継いできたものが文学だとすれば、後代の悩み惑う人々が、時を遡って古典の書と向き合い、思考、表現への手がかりを見出そうと試みるのは自然なことだろう。こうした古典への回帰や再発見は、世界の歴史で繰り返されてきた。明治期の日本が特殊なのは、長い鎖国の後の開国で、それまで禁制・犯罪だった渡航や交易が国策・使命へと劇的に転換したため、世界の数千年分の古典を一気に発見した点にある。当時の青年らに様々な霊感を与えたこの「一気的発見」もまた、あの「百花繚乱の十年」の礎《いしずえ》になったと思われる。そしてこれは同時に、欧米にとっては日本文化の一気的発見・ジャポニスムになり、例えば浮世絵はゴッホやマネ、モネ、ロートレックらに霊感を与えた。

「繚乱の十年」の数年後には鷗外が没し、更にその数年後の昭和の初めには龍之介が自殺、牧水が病没する。そして、昭和十六年・一九四一年の真珠湾攻撃の翌年に白秋、朔太郎、晶子の三人が、その翌年に藤村が他界する。茂吉、光太郎らは敗戦にまで立ち合い、戦時中に著し、詠ったことへの深い省察を余儀なくされる。

日本の、太平洋戦争の破局にまで至る歴史の流れでみれば、〇九年からの「繚乱の十年」は、日露戦の戦勝後にアジア大陸等への膨張・侵略を本格的に始めた時期にあたる。一〇年に韓国を併合し、一八年にはシベリアに出兵する。欧州の各国が一次大戦による未曾有の破壊・損失・混乱に苦しむのをよそに膨みゆく日本で、「繚乱の十年」を彩った詩人らの世界を、その後年の作も交えつつ辿る。（詩文等の引用は、原則として『日本詩人全集　新潮社』に拠り、異なる場合は、その都度出典を示す）

▼北原白秋（1885〜1942）

われは思ふ、末世《まつせ》の邪宗《じやしゆう》、切支丹《きりしたん》でうすの魔法。
黒船《くろふね》の加比丹《かひたん》を、紅毛《こうまう》の不可思議国《ふかしぎこく》を、
色赤きびいどろを、匂《にほひ》鋭《と》きあんじやべいいる、
南蛮《なんばん》の桟留縞《さんとめじま》を、はた、阿剌吉《あらき》、珍酡《ちんた》の酒を。

「邪宗門秘曲」

空に真赤な雲のいろ。
玻璃《はり》に真赤な酒の色。
なんでこの身が悲しかろ。
空に真赤な雲のいろ。

「空に真赤な」

薔薇ノ木ニ
薔薇ノ花サク。
ナニゴトノ不思議《フシギ》ナケレド。

「薔薇」

コロガセ、コロガセ、ビール樽《ダル》、

赤イ落日《イリヒ》ノナダラ坂、
トメテモトマラヌモノナラバ
コロガセ、コロガセ、ビール樽。
「ビール樽」

からまつの林を過ぎて、
からまつをしみじみと見き。
からまつはさびしかりけり。
たびゆくはさびしかりけり。
「落葉松」

◇人間「万華鏡」

少し回すだけで次の別世界が無限に見えてくる万華鏡のように、詩、短歌、民謡、歌謡、童謡など、詩歌とかかわりのある幅広い分野で縦横に佳作を生み続けた。与謝野鉄幹、晶子夫妻の「明星」を舞台に石川啄木とも交わり、「明星」を脱退してからは萩原朔太郎、室生犀星を鼓舞、二人は共に大きく開花する。

「邪宗門」を、発刊から間もなく寄贈された啄木は、日記にこう書いた。

――〝邪宗門〟には全く新らしい二つの特徴がある。その一つは〝邪宗門〟という言葉の有する連想といったようなもんで、も一つはこの詩集に溢れている新らしい感覚と情緒だ。そして、前者は詩人白秋を解するに最も必要な特色で、後者は今後の新らしい詩の基礎となるべきものだ……

『石川啄木全集』（筑摩書房）

▼石川啄木（1886〜1912）

東海の小島の磯《いそ》の白砂《しらすな》に
われ泣きぬれて
蟹《かに》とたはむる

友がみなわれよりえらく見ゆる日よ
花を買ひ来て
妻としたしむ

人といふ人のこころに
一人づつ囚人《しうじん》がゐて
うめくかなしさ

ふるさとの訛《なまり》なつかし
停車場《ば》の人ごみの中に
そを聴《き》きにゆく

かにかくに渋民村《しぶたみむら》は恋しかり
おもひでの山
おもひでの川

やはらかに柳《やなぎ》あをめる
北上《きたかみ》の岸辺《きしべ》目に見ゆ
泣けとごとくに

ふるさとの山に向ひて
言ふことなし
ふるさとの山はありがたきかな

京橋の滝山町の
新聞社
灯《ひ》ともる頃《ころ》のいそがしさかな

マチ擦《す》れば
二尺ばかりの明るさの
中をよぎれる白き蛾《が》のあり

人がみな
同じ方角に向いて行く。
それを横より見てゐる心。

百姓の多くは酒をやめしといふ。
もつと困らば、
何をやめるらむ。

（「一握の砂」より）

人とともに事をはかるに
適せざる
わが性格を思ふ寝覚《ねざめ》かな。

（「悲しき玩具」より）

われは知る、テロリストの
かなしき心を――
言葉とおこなひとを分ちがたき
ただひとつの心を、
奪はれたる言葉のかはりに
おこなひをもて語らんとする心を、
われとわがからだを敵に擲《な》げつくる心を――
しかして、そは真面目にして熱心なる人の常に有《も》つかなしみなり。

見よ、今日も、かの蒼空《あをぞら》に
飛行機の高く飛べるを。

給仕づとめの少年が
たまに非番の日曜日、
肺病やみの母親とたつた二人の家にゐて、
ひとりせつせとリイダアの独学をする眼の疲れ……

見よ、今日も、かの蒼空に
飛行機の高く飛べるを。

（「呼子と口笛」より）

◇不遇・出京・友情・夭折

大きめの図書館には、日本文学の個人全集が延々と並ぶ一画がある。長いものでは六十巻にも及ぶ全集の連なりの中、その高い知名度に比して短めなのが「啄木全集」である。ある図書館では、白秋の四十巻と啄木の八巻が向かい合っている。その短さの中には類いの無い珠玉がぎっしりと詰まってはいるが、享年二十六という夭折の無念を、今も尚、形となって伝えているかのようだ。

不遇、貧困、借金の繰り返しの中、同じ岩手県出身の言語学者・金田一京助が示した深い友情は、人が人に差し出す「一本の藁」の重さ、貴さを感じさせる。身ひとつで上京した啄木を温かく迎え、机、椅子や茶器を整えてやり、当座の金を渡す。自分の衣服を質草にし、大切な蔵書までも売って、友を支える。

啄木は、前出の「日記」に、こう記した。

――金田一君といふ人は、世界に唯一人の人である。かくも優しい情を持つた人、かくも浄らかな情を持つた人、かくもなつかしい人、決して世に二人とあるべきで無い。若し予が女であつたら、屹度この人を恋したであらうと考へた。

こう書いてから約四年の後、肺結核で他界する最後の日も、金田一は啄木を見舞う。小康かと見えて、金田一が出勤した後に絶命する。

いま私の手元に、昔廉価な古本で買った『定本　石川啄木』がある。金田一が啄木を偲びながら、二人の長い交友を綴った一書で、昭和二十一年・角川書店刊とある。表紙裏に、達筆のペン字で一首が記されている。

若うしてわかれしひとはいつまでも
若やかに来て面影にたつ　　京助

『金田一京助全集』（三省堂）にあたると、「わかくして」などと、表記の一部に異同がみえる。親筆か否かも分からないが、心情は、ひしと伝わってくる。

啄木の臨終の日、彼の家族と共に傍らに居合わせたのは、あの酒と旅の歌人・若山牧水だった。

▼若山牧水（１８８５〜１９２８）

白鳥《しらとり》はかなしからずや空の青海のあをにも染まずただよふ
幾山河《いくやまかは》越えさり行かば寂しさのはてなむ国ぞ今日も旅ゆく
夕まぐれ酒の匂ふにひしひしとむくろに似たる骨ひびき出《い》づ
白玉《しらたま》の歯にしみとほる秋の夜の酒はしづかに飲むべかりけり
納戸《なんど》の隅に折から一挺《ちやう》の大鎌あり、汝《なんぢ》が意志をまぐるなといふが如くに
うすべにに葉はいちはやく萌えいでて咲かむとすなり山桜花

啄木が没した翌年の一九一三年、斎藤茂吉が第一歌集「赤光」を刊行する。

▼斎藤茂吉（１８８２〜１９５３）

❖『斎藤茂吉歌集』（岩波文庫）より抜粋

隣室《りんしつ》に人は死ねどもひたぶるに帚《ははき》ぐさの実食《みく》ひたかりけり
上野《うへの》なる動物園にかささぎは肉食《く》ひゐたりくれなゐの肉を
あかあかと一本《いつぽん》の道《みち》とほりたりたまきはる我《わ》が命《いのち》なりけり
朝《あさ》あけて船《ふね》より鳴《な》れる太笛《ふとぶえ》のこだまはながし竝《な》みよろふ山《やま》
ドウナウの流れの寒さ一めんに雪を浮べて流るるそのおと
戦《たたかひ》にやぶれしあとの国を来てわれの心は驕《おご》りがたしも
行進の歌ごゑきこゆＨｉｔｌｅｒ《ヒツトラ》の演説《えんぜつ》すでに果《は》てたるころか
青草《あをくさ》のほしいままなるヴエルダンに銃丸《じゆうぐわん》ひろひ紙に包むも
ヴアン・ゴオホつひの命《いのち》をはりたる狭き家に来て昼の肉《にく》食《を》す
ゆふぐれし机《つくゑ》のまへにひとり居《を》りて鰻《うなぎ》を食《た》ふは楽しかりけり
八層《はつそう》の高きに屋上庭園《をくじやうていゑん》ありて黒豹《くろへう》のあゆむを人らたのしむ
心中《しんぢゆう》といふ甘《あま》たるき語《ご》を発音するさへいまいましくなりてわれ老《お》いんとす
ヒツトラのこゑ聞きしとき何か悲し前行《ぜんかう》したりし楽《がく》も悲しも
悲しさもかへりみすれば或宵《あるよひ》の螢《ほたる》のごとき光とぞおもふ
たたかひの終末《しゆうまつ》ちかくこの村に鳴りひびきたる鐘《かね》をわすれず
あたらしき時代《ときよ》に老《お》いて生きむとす山に落ちたる栗の如くに

最上川逆白波《さかしらなみ》のたつまでにふぶくゆふべとなりにけるかも

◇三代の時代《ときよ》を貫く

東北の山形に生まれた東京帝大・医科の卒業生が長崎の医学校の教師になり、欧州へ留学する。一次大戦の敗戦後のドイツでは、ヒトラーの台頭にも出遭い、帰国後に東京・青山の養父の精神病院を継ぐ。短歌雑誌「アララギ」の編集に携わり、「実相観入」を唱えて歌壇の重鎮となる。戦時中は「愛国歌」を詠ったが、敗戦後も作歌を続けて「白き山」などを上梓、死の二年前に文化勲章を受ける。

明治、大正、昭和の三代を生き抜き、時々の時代・風潮を歌に映しつつ、人間の業や弱さもさらけ出す。その詠唱は、明治生まれの一エリートの心情の転変・軌跡に留まらず、激動の三代を生きた多くの日本人の心の軌跡とも重なり合う普遍性を備えている。

茂吉の「赤光」発刊の翌一四年、著名な彫刻家・高村光雲の長男で米欧への遊学から戻っていた光太郎が、生き生きとした口語詩が鮮烈な第一詩集「道程」を上梓する。

▼高村光太郎（１８８３〜１９５６）

止せ、止せ
みじんこ生活の都会が何だ
ピアノの鍵盤に腰かけた様な騒音と
固まりついたパレット面のような混濁と
その中で泥水を飲みながら
朝と晩に追はれて
高ぶつた神経に顫へながらも
レッテルを貼つた武具に身を固めて
道を行く其の態《ざま》は何だ

僕の前に道はない
僕の後ろに道は出来る
ああ、自然よ
父よ
僕を一人立ちにさせた広大な父よ
僕から目を離さないで守ることをせよ
常に父の気魄を僕に充たせよ

「声」

この遠い道程のため
この遠い道程のため

「道程」

何が面白くて駝鳥を飼ふのだ。
動物園の四坪半のぬかるみの中では、
脚が大股過ぎるぢやないか。
頸があんまり長過ぎるぢやないか。
雪の降る国にこれでは羽がぼろぼろ過ぎるぢやないか。
腹がへるから堅パンも食ふだらうが、
駝鳥の眼は遠くばかり見てゐるぢやないか。

「ぼろぼろな駝鳥」

あれが阿多多羅《あたたら》山、
あの光るのが阿武隈川。
——
ここはあなたの生れたふるさと、
あの小さな白壁の点点があなたのうちの酒庫《さかぐら》。

それでは足をのびのびと投げ出して、
このがらんと晴れ渡つた北国《きたぐに》の木の香に満ちた空気を吸はう。
あなたそのもののやうなこのひいやりと快い、
すんなりと弾力ある雰囲気に肌を洗はう。

「樹下の二人」

「道程」が刊行された一九一四年には、欧州で第一次大戦が勃発、日本はドイツに宣戦布告して青島などを攻め、占領する。大戦が終わる前年の一七年にロシア革命が起きる。そしてこの年、日本近代詩の記念碑的な詩集となる萩原朔太郎の「月に吠える」が、自費出版で世に出た。

▼萩原朔太郎（１８８６〜１９４２）

光る地面に竹が生え、
青竹が生え、
地下には竹の根が生え、
根がしだいにほそらみ、
根の先より繊毛が生え、

かすかにけぶる繊毛が生え、
かすかにふるえ。

「竹」

とほい空でぴすとるが鳴る。
またぴすとるが鳴る。
ああ私の探偵は玻璃《はり》の衣装をきて、
こひびとの窓からしのびこむ、

「殺人事件」

みつめる土地《つち》の底から、
奇妙きてれつの手がでる、
足がでる、
くびがでしやばる、
諸君、
こいつはいつたい、
なんといふ鵞鳥《がてう》だい。

「死」

まつくろけの猫が二疋、

なやましいよるの家根のうへで、
ぴんとたてた尻尾のさきから、
糸のやうなみかづきがかすんでゐる。
『おわあ、こんばんは』
『おわあ、こんばんは』
『おぎやあ、おぎやあ、おぎやあ』
『おわああ、ここの家の主人は病気です』
「猫」

わたしは田舎をおそれる、
田舎の人気のない水田の中にふるへて、
ほそながくのびる苗の列をおそれる。
「田舎を恐る」

私はいつも都会をもとめる
都会のにぎやかな群集の中に居ることをもとめる
群集はおほきな感情をもつた浪のやうなものだ
どこへでも流れてゆくひとつのさかんな意志と愛欲とのぐるうぷだ
「群集の中を求めて歩く」

逃走する
逃走する
あの荒涼とした地方から
都会から
工場から
生活から
宿舎からでも逃走する
さうだ！　宿命からの逃走だ。

「絶望の逃走」

ふらんすへ行きたしと思へども
ふらんすはあまりに遠し
せめては新しき背広をきて
きままなる旅にいでてみん。

「旅上」

広瀬川白く流れたり
時さればみな幻想は消えゆかん。

われの生涯《らいふ》を釣らんとして
過去の日川辺に糸をたれしが
ああかの幸福は遠きにすぎさり
ちひさき魚は眼《め》にもとまらず。

「広瀬川」

人気なき公園の椅子にもたれて
われの思ふことはけふもまた烈しきなり。
いかなれば故郷《こきやう》のひとのわれに辛《つら》く
かなしきすももの核《たね》を噛まむとするぞ。

―

われは指にするどく研《と》げるナイフをもち
葉桜のころ
さびしき椅子に「復讐」の文字を刻みたり。

「公園の椅子」

日は断崖の上に登り
憂ひは陸橋の下を低く歩めり。

無限に遠き空の彼方
続ける鉄路の柵の背後《うしろ》に
一つの寂しき影は漂ふ。

「漂泊者の歌」

わが故郷に帰れる日
汽車は烈風の中を突き行けり。
ひとり車窓に目醒むれば
汽笛は闇に吠え叫び
火焔《ほのほ》は平野を明るくせり。
まだ上州の山は見えずや。

「帰郷」

郵便局といふものは、港や停車場やと同じく、人生の遠い旅情を思はすところの、悲しいのすたるぢやの存在である。

――

郵便局！　私はその郷愁を見るのが好きだ。生活のさまざまな悲哀を抱きながら、そこの薄暗い壁の隅で、故郷への手紙を書いてる若い女よ！　鉛筆の心も折れ、文字も涙によごれて乱れてゐる。何をこの人生から、若い娘たちが苦しむだらう。我々もまた君等と同じく、絶望のすり切れた靴をはいて、生活《ライフ》の港々を漂泊してゐる。永遠に、永遠に、我々の家なき魂は凍えてゐるのだ。

「郵便局」

◇〈憂鬱なる〉前掛け

娘がその父親のことを書いたものには、妙作が多い。森鷗外と茉莉、南方熊楠と文枝、室生犀星と朝子、犀星の親友だった萩原朔太郎と葉子のように。

娘が父親に向ける視線には、娘から母へ、あるいは息子から父、母に向けるそれとは違った、さっぱりとした愛着のようなものが感じられる。もちろん、父と娘の間柄や人生行路次第で話はかなり違ってくるが、娘は、母親が我が子に向ける眼差しを、父親に対しても持ち合わせている節がある。

葉子の『父・萩原朔太郎』（中公文庫）にも、そうした視線が伺える。著名な詩人である父親が、普通の人ならこなしてゆく日常茶飯に躓《つまず》きつつ生きる様を、愛着の籠る筆致で活写している。中でも、「朔太郎の前掛け」の一節が印象深い。

朔太郎は、妻と離別した後、東京で実母や葉子らと暮らした。この母が家事、家計の全般を取り仕切り、こまごまと息子の世話を焼き、指図もした。朔太郎は、中年になっても、食事中に食べ物を周りにまき散らす癖があったという。ある日、母が布を縫い合わせて大きな前掛けを作り、朔太郎に付けさせる。

――「何だね？」父は怯えるような恰好で上半身をうしろにそらしたが、やがて祖母に言われるなりに、きまりわるそうに首から吊るして掛けたが、痩せた身体に前掛ばかり大きくてとてもおかしかった。だがしまいには馴れて、祖母にいちいち注意されなくても、父は自分で引出しからちゃんと出して、首からかけるようになった。

『父・萩原朔太郎』

その引出しには、祖母の字で「朔太郎の前掛け」と書かれていたという。近代日本を代表するような詩人と母の前掛けとの取り合わせは意外で、痛々しくもある。しかし半面、その世俗を超絶したような姿には、超絶の詩人ならではの凄味も感じられる。

朔太郎が、真珠湾攻撃から半年後の一九四二年・昭和十七年の五月に他界した時、三好達治は「師よ　萩原朔太郎」という詩を寄せた。

幽愁の鬱塊
懐疑と厭世との　思索と彷徨との
あなたのあの懐かしい人格は
なま温かい熔岩《ラヴァ》のやうな
不思議な音楽そのままの不朽の凝晶体

ああああの灰色の誰人の手にも捉へるすべのない影
ああ実に　あなたはその影のやうに飄々乎として
いつもうらぶれた淋しい裏町の小路をゆかれる

——

あなたはまるで脱獄囚のやうに
或はまた彼を追跡する密偵のやうに
恐怖し　戦慄し　緊張し　推理し　幻想し　錯覚し
飄々乎として影のやうに裏町をゆかれる
いはばあなたは一人の無頼漢　宿なし
旅行嫌ひの漂泊者
夢遊病者《ソムナンビユール》
零《ゼロ》の零《ゼロ》

そしてあなたはこの聖代に実に地上に存在した無二の詩人
かけがへのない　二人目のない唯一最上の詩人でした

（『四季』〈萩原朔太郎追悼号〉より）

この、堀辰雄編集の詩誌『四季』追悼号には、高村光太郎、斎藤茂吉、堀口大學、中野重治、保田與重郎、伊東静雄、室生犀星らの文も載っている。光太郎は、「希代の純粋詩人」と題して、こう述べた。

——この詩人ほど俗念に遠く、俗事にうとく、詩の本質とその表現とに生涯を埋めた人はなく、又この詩人ほど生理的にまで言葉そのもののいのちを把握し、その作用を鋭く裏の裏まで自家のものとした人はない。この詩人の詩は蒼く深く、又すさまじく美しく、日本語の能力を誰も予期しなかつたほど大きくした。第一詩集「月に吠える」は詩の革命であつた。

朔太郎よりも十歳ほど年長で、日本の象徴詩の先駆と謳われた蒲原有明は、かつて寄贈された「月に吠える」について「新詩人の出場をはつきりと見てとりました。その印象が今に残つてゐて少しも消滅しません」と述べたうえで、日米開戦から半年という時節を映すような一首を献じた。

大き時局その今にして胸ぬちの言をつくさで逝きませり君は

文学者による戦争協力の翼賛組織「日本文学報国会」が成立したのは、朔太郎が没して半月後だった。

「月に吠える」から「青猫」「氷島」に至る詩集や多くのアフォリズム（警句）集、散文詩、詩論、詩人論等を残した朔太郎について、欠かせないキーワードの一つは「憂鬱」であろう。彼自身が第二詩集「青猫」の付言で、この詩集のタイトルを、当初は「憂鬱なる」とするつもりだったと述べている。また、「月に吠える」刊行から二年後、知人が出す詩集の題名候補の中に「鬱々と繁る」があるのを知って、こう書き送ったという。

「この『鬱』といふ字は、僕の第二詩集のために取つて置いたものであるから、今兄に使はれると少し閉合（＝閉口）する。この字の使用だけは許して下さい」（２０１０年７月６日・朝日新聞）

「憂鬱」それ自体は、古《いにしえ》から人間社会に付きまとってきた心情の一つで、それを詠った詩歌も世界に古くからあった。しかし、近世の市民革命や産業革命等を経て近代化、工業化が進むと、人間関係や自然、社会環境の激変による新しい憂愁・憂鬱が広く実感されるようになってゆく。こうした近代化が齎した「憂鬱の時代」を詠った記念碑的な作の一つが、第三章で三好達治の訳で引いたボードレールの散文詩集「巴里の憂鬱」だった。朔太郎は、その中の「港」に触発されたらしく、右に引用した「郵便局」について、「『港』に対応する為、私はこの一篇を作つた」と注記している。

ある時代に、その時代特有の憂愁・憂鬱が普《あまね》く漂っていても、それに浸り、それを深く吸い込み、更にそれを自らの魂の表白として普遍的な言の葉にして紡ぎ出せるかどうかは、詩人各々の資質や人生行路、精神の遍歴、時の巡りあわせ等の条件による。その点、日本では劇的な開国から半世紀を経て、表層的な西欧の模倣・追随を省み、惑いや憂いが深まりつつある頃合いに、達治の言う「憂愁の鬱塊」が多感な青年期を迎えたことで、それらの条件が揃った。その、稀代の「鬱塊」が近代日本の憂鬱・憂愁と激しく反応し、震えて、革命的な詩作品が生まれるに至ったともいえよう。「月に吠える」は、〇九年からの「百花繚乱の十年」の掉尾に開いた「憂鬱の華」となった。「悪の華」のボードレールが没し、漱石や子規、露伴、熊楠らが生まれた一八六七年から数えて、五十年後のことだった。

「月に吠える」発刊の翌一八年、この「憂鬱の時代」を詩的散文で象徴的に描いたような佐藤春夫（1892〜1964）の「田園の憂鬱」が世に出る。更にこの年には、朔太郎の終生の友・室生犀星（1889〜1962）が、あの「ふるさとは遠きにありて思ふもの／そして悲しくうたふもの」を収めた「抒情小曲集」を上梓する。

このように、膨張しつつある日本で詩・文芸が活況を呈している頃、欧米では第一次大戦による兵士の心身への後遺症や戦後社会の混乱・荒廃を映すような作が目立つようになる。米国にロスト・ジェネレーション（失われた世代）が現れ、欧米にダダイスムやシュールレアリスムが興る。ロシア革命によって生まれた社会主義国が始動する。こうした動きは日本にも伝わり、一九二三年・大正十二年の関東大震災の惨害・衝撃と共に、大正末から昭和にかけての詩作品にも影響を及ぼしていった。

▼**T・S・エリオット**（米から英へ　１８８８〜１９６５）

一九二二年発表の「荒地」が、大戦による傷の深い欧州の荒廃を象徴するものとして、広く知られるようになってゆく。

四月は残酷極まる月だ
リラの花を死んだ土から生み出し
追憶に慾情をかきまぜたり
春の雨で鈍重な草根をふるい起すのだ。
――
空虚の都市
冬の夜明け、鳶色の霧の中を
ロンドン・ブリッヂの橋の上を群衆が
流れたのだ、あの沢山の人が、
死がこれほど沢山の人を破滅させたとは思わなかった。

「埋葬」

西脇順三郎訳『世界文学全集　河出書房新社』

彼の詩「うつろな男たち」の一節は、第二次大戦の後、英国の小説家ネヴィル・シュートの「渚にて」の巻頭のエピグラフに引かれた。この「渚にて」は、近未来に第三次世界大戦が勃発し、核戦争によって人類・生き物が消える最期の日々を描き、映画化もされた。

このいやはての集《つど》いの場所に
われら　ともどもに手さぐりつ
言葉もなくて
この潮満つる渚につどう……

かくて世の終わり来りぬ
かくて世の終わり来りぬ
かくて世の終わり来りぬ
地軸くずれるとどろきもなく　ただひそやかに

『渚にて』（井上勇訳　東京創元社）

エリオットが「荒地」を発表した二二年、フランスでは詩人で批評家のヴァレリーが「海辺の墓地」を含む詩集「魅惑」を刊行する。

▼ポール・ヴァレリー（仏　1871〜1945）

鳩たちがあゆむ、この　静かな屋根、
松の樹の間に、また墓石の間に　脈打ち——
「真昼」正しきもの　そこに　炎でつくる
海よ、海、いつも繰り返される海を！
おお　ひとすじのおもいのはてに　このむくい
神々の静けさへの　なんという久しい眺め！

——

風が立つ！　……いまこそ生きねばならぬ！
大気は　わたしの本を開き　また閉ざす、
波《なみ》は　しぶきに砕け　岩々から　ほとばしる！
飛べ、目くるめく　本の頁よ！
破れ、波よ！　よろこびの水で　破れ
白い帆の　すなどる　この　静かな屋根を！

「海の墓地」

白井健三郎訳『世界文学全集　河出書房新社』

この当時・一九二〇年代のアメリカは、疲弊した欧州とは対極の経済的な繁栄を謳歌する。それはやがて二九年の大恐慌で破局を迎えるが、それまでの高揚感を象徴するようなロスト・ジェネレーションの旗手・フィッツジェラルドの表白が印象的だ。

▼S・フィッツジェラルド（米　1896〜1940）

――ニューヨークの街は世界の誕生を思わせるような虹色の輝きにむせていた。帰還した部隊は五番街を行進し、若い娘たちはそれにひきよせられるように、東と北にその足を向けた。アメリカこそが最高の国であり、そこかしこにお祭り気分が充ちていた。

――もうひとつだけこの時代ではっきり覚えていることがある。私はタクシーに乗っていた。車はちょうど藤色とバラ色に染まった夕空の下、そびえ立つビルの谷間を進んでいた。私は言葉にならぬ声で叫び始めていた。そうだ、私にはわかっていたのだ。自分が望むもの全てを手に入れてしまった人間であり、もうこの先これ以上幸せにはなれっこないんだということが。

『マイ・ロスト・シティー』（村上春樹訳　中央公論新社）

フィッツジェラルドが俄かに名声と富を得るころ、大正デモクラシー下の日本では普通選挙運動が高まり、先駆的なプロレタリア文学の雑誌「種蒔く人」が創刊される。そこに、一九二三年・大正十二年の九月一日、関東大震災が起った。

首都が壊滅状態に陥るという未曾有の事態の中で、朝鮮人虐殺や大杉栄らの殺害、亀戸事件等が起こり、社会不安が募ってゆく。

当時の文人らも、それぞれに被災したり、惨状に身を置いたりして、感想、記録等を書き残した。文学にまで昇華させ、芸術の域に達した作は、そう多くはないようだ。東京を一撃で壊滅させるという大自然のすさまじい破壊を前にして、あの「繚乱の時代」の頃のような自由、闊達な筆の走りが、一時にせよ止まったことは確かだろう。

第一章で触れたアリストテレスの、現実と詩人についての時を超えた鋭い洞察を思い起こす。

詩人（作者）の仕事は、すでに起こったことを語ることではなく、起こりうることを、すなわち、ありそうな仕方で、あるいは必然的な仕方で起こる可能性のあることを、語ることである。

『アリストテレース詩学・ホラーティウス詩論』（松本仁助、岡道男訳　岩波文庫）

詩や小説の要諦が、現実を映し、記すだけではなく、何かその先に来るものや起こりうる事どもを指し示すことだとすれば、詩人・作家が自らの想像力・想定力を遥かに超える現実を目の当たりにした時に立ちすくみ、言葉を失うことは頷ける。それは、二〇一一年の三月十一日に東北地方の太平洋沖で発生した大地震・大津波による破壊と福島原発の破綻・爆発を前にした詩人・作家らにも通ずる厳しさだろう。今回の、終わりの見えない放射能汚染によって遠い未来の時間までも奪われた「四次元的な大災害」を前にして、「未来に起こりうること」を、言葉でどう示せるのか。この問いに答えることは至難だが、それを求め続ける意義はある。

関東大震災の頃、東北・岩手の花巻農学校の若手教師だった宮沢賢治は、翌二四年に自費で出版する「春と修羅」の詩作を続けていた。大震災から半月後の日付のある詩篇に、震災に絡む表白がある。

東京はいま生きるか死ぬかの堺なのだ

「昴」

『宮沢賢治全集　ちくま文庫』(賢治の詩句等の引用は、この全集に拠る)

▼**宮沢賢治**（1896〜1933）

わたくしといふ現象は
仮定された有機交流電燈の
ひとつの青い照明です

「春と修羅・序」

いかりのにがさまた青さ
四月の気層のひかりの底を
唾《つばき》し　はぎしりゆききする
おれはひとりの修羅なのだ
「春と修羅」

あゝいゝな　せいせいするな
風が吹くし
農具はぴかぴか光つてゐるし
山はぼんやり
「雲の信号」

さつき火事だとさわぎましたのは虹でございました
もう一時間もつづいてりんと張つて居ります
「報告」

海だべがど　おら　おもたれば
やつぱり光る山だたぢやい
ホウ
髪毛《かみけ》　風吹けば

鹿《しし》踊りだぢやい
「高原」

けふのうちに
とほくへいつてしまふわたくしのいもうとよ
みぞれがふつておもてはへんにあかるいのだ
（あめゆじゆとてちてけんじや）
——
おまへがたべるこのふたわんのゆきに
わたくしはいまこころからいのる
どうかこれが天上のアイスクリームになつて
おまへとみんなとに聖い資糧をもたらすやうに
わたくしのすべてのさいはひをかけてねがふ
「永訣の朝」

◇万物への哀惜

「春と修羅・序」で、「わたくし」を「現象」とし、「仮定」の「電燈」の「照明」と結んだ。今では有機も交流、電灯もなじみが深いが、百年近く前の人々にとっては耳新しい言葉だったはずだ。電灯という、昼を欺くような強い明りが広く行き渡る時代になって初めて生まれ得た画期的な表現とも言える。その新しい明りの明滅と生命体の鼓動とが共鳴するような絶妙な詩句が、世紀を超えた今もなお、新鮮さを保っている。

賢治の作品は、絶え間なく過ぎてゆく時に流されたり、しおれたりすることなく、逆に、時に磨かれて輝きを増す不思議な力を備えている。それは、感覚の鋭さや表現の妙もさることながら、人間や生き物だけではなく、空や川や石や大地にも「いのち」を感得し畏れるという「万物への哀惜」の念が籠められているからではないか。それが、賢治が深く帰依していた仏教の道を映しているとしても、作品と言の葉は、宗教という枠を超えて普遍的な哀しみの世界を描き出していると思われる。

もちろん賢治にも生身の人間としての世俗的な悩みや欲もあったはずで、万能の切り札でも孤高の聖人でもないが、ここ十数年来、作品を読み返し、花巻の方にも繰り返し足を運んで、賢治からの「伝言」に耳を澄ましてきた。

ある時は、賢治が「イギリス海岸」と名付けて親しんでいた北上川のほとりに立った。風が渡る中、木々の梢を超えて山の方へ飛び去る鳥を見ているうちに、鳥や木や山が口を開く賢治の世界に引きよせられた。そこでは、鳥や木や山が語り、悩み、怒り、笑う。人間と同じように振る舞う。一方、現実の世界では、人間が「万物の霊長」などと称して君臨しようとする。賢治は、こうした人間の奢りや慢心を省み、上下の関係ではなく平らかなつながりを求めて、万物に語らせていたのか、などと考えていた。

そこに、二〇一一年の大震災・原発破綻が起きた。人間が造り出した原発を人間が制御できないことが露わになった。「霊長」が、人間社会だけではなく、万物の営みを壊してしまった。二度と繰り返すことは許されない。

この震災は、明治以来の近代化の極みにある日本を襲ったともいえる。近代化が本格的に進む時代を生きた賢治は、その時代の病として「慢」を挙げて自戒する言葉も残している。

3・11大震災の後、賢治の「雨ニモマケズ」が多くの場面で登場した。それは確かに、理にかなっている点がある。

まず、「雨ニモマケズ」が、津波や冷害、飢饉に繰り返し襲われた東北の地の厳しさを身をもって知る賢治によって書かれた、ということがあげられる。花巻の賢治の生家の近くの松庵寺には、過去の飢饉の犠牲者を供養する石碑が並んでいる。雨、風、寒さといった、米の不作をもたらす自然の動きと常に向き合わなければならない風土が賢治に「雨ニモマケズ」を書かせたことが、大震災で改めて注目された。

もう一つは、様々な困難や苦難の中に居る人たちに寄り添う思いが込められているからだ。

東北地方の東の海岸には、大津波で家族や友や家を失った多くの人たちがいる。

東北地方の南の町には、原発の放射能で土地を追われ、家族や友との絆を断たれた多くの人たちがいる。

賢治ならどうしたかという問いを立てれば、そこに行って悲しみを共にし、そこに行って憤りを共にしたのではないかと思うのは自然なことだ。その賢治の、想像される支援と連帯の気持ちを自らの思いとして被災地に届けたい、という願いを抱いた人は多かったはずだ。「雨ニモマケズ」は、そうした幾多の人々の思いや願いを載せる大きな翼となってはばたき、日本列島を行き交った。「雨ニモマケズ」に限らず、「銀河鉄道の夜」などの賢治の作品には、読む者の心を静かに浮揚させる力がある。

賢治が「春と修羅」を上梓した一九二四年、フランスでは、賢治と同年生まれの詩人アンドレ・ブルトンが「シュールレアリスム宣言」を刊行した。

▼ブルトン（仏　1896〜1966）

第一次大戦に若手医師として携わり、戦後にダダイスムを経た後、「宣言」でシュールレアリスムを、こう定義した。

——心の純粋な自動現象であって、それによって人が、口で述べようと筆記によろうと、また他のどんな方法によるとを問わず、思考の真の働きを表現しうるものである。それはまた、理性によるいかなる監督をも受けず、審美的な、あるいは倫理的な心づかいをまったく離れて行われる思考の口述である。

（稲田三吉訳・現代思潮社）

小説の「ナジャ」には、こう記した。

――美は痙攣的なものであるにちがいない。さもなくば存在しないであろう。

（稲田三吉訳・現代思潮社）

ブルトンの才気の迸《ほとばし》りがみえる。元々詩作には、地面に貼りついた精神を浮揚させたり、現実を透視したり傾けてみたりすることで人の生の本質に迫ろうとする試みが含まれているのではないか。それは詩作・文芸に限らず、絵画、彫刻、演劇、舞踏、映像など多くの芸術的な分野にも通ずる「現実を超える」試みであろう。「超現実主義」には、その試みを、あらゆる制約から解放し、貫徹しようとする強い志が感じられる。

ブルトンが「シュールレアリスム宣言」を刊行した年、中欧のチェコで、カフカが短い生涯を閉じた。

▼フランツ・カフカ（チェコ　1883〜1924）

❖『夢・アフォリズム・詩』（吉田仙太郎編訳　平凡社ライブラリー）より

鳥籠が、鳥を探しに出かけていった。

＊

わたしの憧れは　昔々だった
わたしの憧れは　現在だった
わたしの憧れは　未来だった
このすべてを抱いて　わたしは死ぬ
街道ばたの番小屋のなかで、この
昔から国有財産だった　直立する棺のなかで。
わたしが生涯を費やしたのは、わたしの生涯を
粉砕せんとする自分を　阻止するためだった。

平凡な銀行員が突然拘束され処刑される、という不条理の世界を先駆的に描いた「審判」が刊行されたのは、カフカの死の翌年だった。この一九二五年という年は、欧州に於いても、日本に於いても、次の戦争へと傾いてゆく歴史の分岐点になった。

一次大戦後のヴェルサイユ体制のもと、民主的なワイマール憲法を成立させたドイツだったが、巨額の賠償金と猛烈なインフレに苦しむ敗戦国民の不満を背景として、ナチスが台頭する。党首ヒト

ラーは二三年にミュンヘンで一揆を企てたが、拘束される。獄中の口述筆記で、後に「ナチスの聖典」となる「わが闘争」を刊行したのが、二五年だった。

日本では、大正末のこの年、大正デモクラシーを象徴するように「普通選挙法」の成立をみたが、その後の思想弾圧に重要な役割を果たす「治安維持法」も同じく成立、時代は激動の昭和に入ってゆく。

第六章　「戦間期」から第二次世界大戦の終結へ

前章では、膨張する日本での詩・文芸の「百花繚乱の時代」を中心に、第一次大戦の後までの国内外の詩の世界を辿った。第六章では、約二十年の「戦間期」を経て、ナチス・ドイツが二度目の世界大戦を引き起こし、激動の昭和時代に入った日本が太平洋戦争に至って共に敗れる頃までに各国で生まれ、また編まれた詩の世界を巡る。

大正時代の終りが歳末だったので、昭和の元年は一週間しかなかった。昭和時代の実質的な初年となった二年・一九二七年の七月、芥川龍之介が睡眠薬自殺を遂げる。「羅生門」「鼻」「地獄変」などを著し、詩的な警句・アフォリズムでも知られる人気作家の三十五歳での自裁は、大きな衝撃を与えた。

芥川と親交のあった詩人・萩原朔太郎は、芥川の生前にはその作品をあまり読んでいなかったが、死後に通読してみて驚いた、と書いている。「彼のあらゆる作を通じて、悲痛なる人間的生活が、熱情の歯ぎしりをして叫んで居り、或るニヒリツクな争闘意識が、文学の隅々にまで血を吐いてゐることである――芥川君のやうな文学者は、単に天才と呼ぶべきではない。むしろ人間的生活を悩んだところの、真の人間的作家と言ふべきである――然り！　芥川君は何人にも理解されず、孤独の中に悲痛なる自殺を遂げた」

「芥川龍之介の追憶」（『萩原朔太郎全集』筑摩書房）

▼芥川龍之介（１８９２〜１９２７）

その死については、文学的あるいは社会的な理由など様々な面での論考がなされてきたが、挙げられた要因の多くが、人間にとって重い課題になりうる。特定は困難だろうが、この悩み多い精神が書き残した作品は、百年近く経っても独特の輝きを放ち続けている。

東京の隅田川のほとりに育ち、江戸の趣に愛着を抱いていた芥川は俳句に親しみ、哀切な情感を湛える秀句を残した。

木がらしや目刺にのこる海のいろ
明易き水に大魚の行き来かな
元日や手を洗ひをる夕ごころ
水洟や鼻の先だけ暮れ残る
かひもなき眠り薬や夜半の冬

『芥川龍之介句集』（草間時彦編　ふらんす堂）

芥川には、俳人・飯田蛇笏の句に括目し、影響を受けたと記した一文もある。蛇笏は芥川の長逝を悼んで、こう詠んだ。

たましひのたとへば秋のほたるかな

▼**飯田蛇笏**（1885〜1962）
高浜虚子の門下で活躍した後、郷里・山梨に腰を据えて「雲母」を主宰、俳壇の重鎮となる。

くろがねの秋の風鈴鳴りにけり
芋の露連山影を正しうす
死病えて爪うつくしき火桶かな

芥川は、小説家・俳人で旧制中学の先輩でもある久保田万太郎の句集「道芝」に序文を寄せ、万太郎の句を「東京の生んだ『歎かひ』の発句」と称した。（『芥川龍之介全集』岩波書店）

▼**久保田万太郎**（1889〜1963）

神田川祭《まつり》の中をながれけり
芥川竜之介仏大暑かな
時計屋の時計春の夜どれがほんと
短夜のあけゆく水の匂かな
湯豆腐やいのちのはてのうすあかり

正岡子規の門下で高浜虚子と双璧とされ、新傾向俳句を展開した河東碧梧桐（1873～1937）の系譜からは、山頭火、放哉らの自由律俳句が生まれた。

▼種田山頭火（1882～1940）

分け入つても分け入つても青い山
まつすぐな道でさみしい
どうしようもないわたしが歩いてゐる
鉄鉢の中へも霰
うしろすがたのしぐれてゆくか

『山頭火　句集』（春陽堂書店）

▼**尾崎放哉**（1885〜1926）

爪切つたゆびが十本ある
入れものが無い両手で受ける
咳をしても一人
渚《なぎさ》白い足出し

大正の末に、堀口大學がフランスのコクトーやマックス・ジャコブらの詩を訳して編んだ「月下の一群」は、清新で才気に富む詩意と訳文で注目された。

▼**ジャン・コクトー**（仏　1889〜1963）

私の耳は貝のから

海の響をなつかしむ
「耳」

シャボン玉の中へは
庭は這入《はい》れません
まはりをくるくる廻つてゐます
「シャボン玉」
『日本の詩歌・訳詩集』（中央公論社）

▼マックス・ジャコブ（仏　1876〜1944）

彼女の白い腕が
私の地平線のすべてでした。
「地平線」（同書）

堀口大學は後年、「月下の一群」の翻訳について、こう述べている。

――詩をわがものにするには、原作にフランス語の着物を脱がせ、一度裸にした上で、これに僕の言葉の着物を着せる以外の手はないと気づいた。

『日本の名随筆　翻訳』（作品社）

フランスと地続きのイベリア半島のポルトガルでは、コクトーと同世代のペソアが、警句的な詩を綴っていた。

▼フェルナンド・ペソア（ポルトガル　1888〜1935）

私は通り過ぎそしてとどまる　宇宙のように
私とは、わたしとわたし自身とのあいだのこの間である。

塩からい海よ　おまえのうちのなんと多くの塩が
ポルトガルの涙であることか

『不穏の書、断章』（澤田直訳編　思潮社）

大正の末から昭和の初めにかけては、日本でも多くの個性豊かな詩人が、それぞれの旗を掲げた。

▼金子光晴（1895～1975）

文明のない、さびしい明るさが
文明の一漂流物、私をながめる。
胡椒《こせう》や、ゴムの
プランター達をながめたやうに。

「かへらないことが
最善だよ」
それは放浪の哲学。

洗面器のなかの
さびしい音よ。

くれてゆく岬《タンジヨン》の
雨の碇泊《とまり》。

「ニッパ椰子《やし》の唄」

ゆれて、
傾いて、
疲れたこころに
いつまでもはなれぬひびきよ。

人の生のつづくかぎり。
耳よ。おぬしは聴くべし。

洗面器のなかの
音のさびしさを。

「洗面器」

▼高橋新吉（１９０１〜８７）

留守と言え
ここには誰も居らぬと言え
五億年経ったら帰って来る

「るす」

▼吉田一穂（1898〜1973）

あゝ麗《うる》はしい距離《デスタンス》、

つねに遠のいてゆく風景……

悲しみの彼方《かなた》、母への、
捜《さぐ》り打つ夜半の最弱音《ピアニッシモ》。　「母」

地に、砂鉄あり、不断の泉湧く。

また白鳥は発《た》つ！

雲は騰《あが》り、塩こゞり成る、さわけ山河《やまかは》。　「白鳥」

一穂は、後に音楽批評家となる学生の吉田秀和に、こう語ったという。

「詩は三行で良い。天と地と人――つまり生物、生命ですが――と、この三つが一行ずつ」

吉田秀和『ソロモンの歌』（朝日文庫）

「いや、詩は一行で良い」と身をもって示しているかのような、冬衛の一行詩も印象深い。

▼安西冬衛（1898〜1965）

てふてふが一匹韃靼《だつたん》海峡を渡つて行つた。

「春」

新吉、一穂、冬衛と辿ってくると、彼らと同世代で早世した梶井基次郎の「檸檬」の世界が想起される。そして、当時パリを中心とするシュールレアリスムで使われた「デペイズマン」という手法にも通ずるものを感じる。第四章で引いたロートレアモンの「解剖台の上でのミシンとこうもりがさの出会い」のような、異種のものの詩的な邂逅の妙である。

▼梶井基次郎（1901〜32）

――いったい私はあの檸檬が好きだ。レモンエロウの絵具をチューブから搾り出して固めたようなあの単純な色も、それからあの丈《たけ》の詰まった紡錘形の恰好《かっこう》も。

『檸檬・ある心の風景』（旺文社文庫）

憂いを抱えている「私」は、京都の果物屋で檸檬を一つ買った後、「丸善」の店に入ってゆく。そして、画本の棚から抜き出した書を積みあげた「城壁の頂きに恐る恐る檸檬《れもん》を据えつけた」。檸檬は「私」の頭の中で黄金色の時限爆弾となり、それを置いたまま「私」は店を出る――。

書店の一画に築いた本の砦の上の檸檬爆弾、いわば「私」。その取り合わせ・邂逅の妙は、例えばベルギーのシュールレアリスムの画家ルネ・マグリット（１８９８～１９６７）が青空や鳥、岩、山高帽などを出遭わせて創出した鮮やかなデペイズマンの世界を思わせる。

蛙になりきったかのような表白で注目されたのが、福島県出身で中国大陸の大学にも学んだ草野心平だった。

▼草野心平（１９０３～８８）

さむいね。
ああさむいね。
虫がないてるね。
ああ虫がないてるね。
もうすぐ土の中だね。
土の中はいやだね。
痩《や》せたね。
君もずいぶん痩せたね。
どこがこんなに切ないんだろうね。

「秋の夜の会話」

この頃、プロレタリア文学が台頭したが、「蟹工船」の小林多喜二（1903〜1933）の拷問死のような弾圧によって壊滅状態に陥る。そうした中で、北海道出身の小熊秀雄は、独自の諷刺と抵抗の精神を示し続けた。

▼**小熊秀雄**（1901～40）
❖『小熊秀雄全集』（創樹社）より

友達よ、
私の歌をよつく耳傾けてきいてくれ。
私の歌はぞんざいだらう、
私の歌は甘くないだらう、
お前の苦痛に答へるために、
私の歌は
苦しみの歌だ。
「蹄鉄屋の歌」

『戦争に非ず事変と称す』と
ラヂオは放送する
人間に非ず人と称すか
あゝ、丸の内は
建物に非ずして資本と称すか、
「丸の内」

昼でも暗い中を
走らねばならない
お前不幸な都会の旅人よ、
地下鉄を走るとき
爽快な風が吹く
でも少しも嬉しくない
政治といふ大きな奴の
肛門の中を走るやうだから
地下鉄は
つまり多少臭いところだ。

「地下鉄」

小熊は「アイヌ民族の為めに」と副題を付した詩「飛ぶ橇《そり》」を書き、郷里・北海道の風土、情景への愛着を記した。

冬が襲つてきた、
他人に不意に平手で
激しく、頰を打たれたときのやうに、

しばらくは呆然と
自然も人間も佇んでゐた。

アイヌ民族で長く口承されてきた叙事詩「ユーカラ」が広く知られるようになったのは、言語学者・金田一京助（１８８２〜１９７１）やアイヌ出身の若い女性・知里幸恵（１９０３〜２２）らの協力と尽力によってだった。幸恵は、ユーカラの編訳書の自序にこう記した。

その昔この広い北海道は、私たちの先祖の自由の天地でありました。天真爛漫な稚児の様に、美しい大自然に抱擁されてのんびりと楽しく生活していた彼等は、真に自然の寵児、なんという幸福な人だちであったでしょう。

『アイヌ神謡集』（岩波文庫）

この書の本文は、次のように始まっている。

「銀の滴《しずく》降る降るまわりに、金の滴
降る降るまわりに。」という歌を私は歌いながら
流に沿って下り、人間の村の上を
通りながら下を眺めると

昔の貧乏人が今お金持になっていて、昔のお金持が今の貧乏人になっている様です。

日本が満州事変や五・一五事件で軍事色を強める頃、ドイツでは一九三三年、遂にヒトラーが首相の座に就く。迫害から逃れようと国外へ亡命するドイツ人の中に、ユダヤ系の批評家ベンヤミンが居た。

▼ヴァルター・ベンヤミン（独　1892〜1940）

マルセイユ——黄色い、虫喰いのアザラシの歯列。歯と歯の隙間から、塩っからい水が流れ出る。

『都市の肖像』（「マルセイユ」柴田翔訳　晶文社）

眼前の光景を言い当てて過不足ない言葉を見出す——これはどんなにかむつかしいことであろう。しかしそこを乗越えて訪れた言葉は、小さな槌で銅板を打って浮彫にするように現実的なものを打ってイメージを浮彫にする。《日暮時になると、女たちは大きな甕をもって市門の外の泉に水汲みにやってくる。》——私がこの言葉を見出した時にはじめて、イメージがあまりに眩い体験の中から際

立った隆起と深い陰影をともなって浮び上がってきた。（同書「サン・ジミニアーノ」藤川芳朗訳）

セーヌは、パリの大きな、つねに目覚めている鏡である。来る日も来る日も、パリはその堅固な建物と、その雲の夢とを、映像としてこの河に投げかける。河はこれらの供物を寛大に受け取り、そしてそれらを、自分の好意のしるしとして、千のかけらに砕く。

「パリ――鏡の中の都市」

『ベンヤミン・コレクション』（久保哲司訳　筑摩書房）

夜のなかを歩みとおすときに助けになるものは、橋でも翼でもなくて、友の足音だ。

野村修『ベンヤミンの生涯』（平凡社）

幸福であるとは、何の恐れもなしに自己を眺め得る、ということである。

『一方通交路』（山本雅昭・幅健志訳　晶文社）

生まれ育ったベルリンや革命後のモスクワ、イタリアのナポリ、サン・ジミニアーノ、フランスのマルセイユ、そして亡命先となったパリなどの「肖像」を、時には詩情を湛えながら、鋭く、深く描いた。「ボードレール論」や、パリの「パサージュ論」の他、詩的な警句でも知られる。私が新聞社の記者だった頃、東京はじめ国内外の都市の姿や人々の営みを取材、執筆する際に、貴重な示唆を与えてくれる文人・作家のひとりだった。

ベンヤミンは、大戦勃発の翌四〇年、ナチス・ドイツの手に落ちたパリからスペインに逃れようとした。しかし、国境付近のピレネー山中で足止めされ、フランスへの送還を告げられて服毒自殺したとされる。

フランスからアメリカに亡命したユダヤ系の女性の思想家シモーヌ・ヴェイユは、後に英国に渡り、三十代の若さで客死した。

▼**シモーヌ・ヴェイユ**（仏　1909～43）

創造者であり、破壊者でもある火よ、芸術家である焔よ！

火よ、夕空の微光を受け継ぐ者よ！

曙《あけぼの》の光が　あまりにも悲しい夕暮の只中に昇る。

優しい煖炉は人々の手を結び合わせた。

――

プロメテは何とお前たちを愛してくれたことか、

こんなにも美しい贈り物をするために！

「プロメテ」

『シモーヌ・ヴェイユ詩集』（小海永二訳　青土社）

小海氏によれば、ヴェイユは、この詩をポール・ヴァレリーに送った。ヴァレリーは、やや教訓的に過ぎることなど、いくつかの欠点を指摘しつつも、一般の詩には極めて稀な「構成への意志」を見出して賞賛する返事を書いたという。

ナチスの時代に限らず、二十世紀は「亡命の世紀」でもあった。時をやや遡れば、一九一七年のロシア革命も、多くの亡命者を生んだ。モスクワ出身の女性の詩人ツヴェターエワは、チェコを経てパリへと亡命し、帰国後に自ら命を絶った。

▼マリーナ・ツヴェターエワ（露　1892～1941）

望郷！　それは　もうとうに
化けの皮をはがされた　世迷《よま》い言《ごと》！
わたしには　なんのかかわりもない。

どうせ　完全なひとりぼっちで
——
わたしにはどの家も　他人の家だ　どの寺院も
空虚だ　なにもかも　等しく　無縁なのだ
だが、道ばたに　草むらが萌《も》えだすと
わけても——ななかまどが……

「望郷」

『集英社ギャラリー　世界の文学』（工藤精一郎訳）

日本でも戦時色が強まる中、英国への留学から帰国して慶応大学文学部の教壇に立った西脇順三郎が、西欧の古典文学の息吹を纏った清新な詩を発表する。

▼西脇順三郎（1894〜1982）

(覆《くつがえ》された宝石)のような朝
何人か戸口にて誰かとささやく
それは神の生誕の日

「天気」

なぜ私はダンテを読みながら
深沢《ふかざわ》に住む人々の生垣《いけがき》を
徘徊《はいかい》しなければならないのか

「山楂《さんざし》の実」

その頃、二つの有力な詩誌「四季」と「歴程」が創刊される。「四季」には、堀辰雄、三好達治、丸山薫、萩原朔太郎、室生犀星、伊東静雄、立原道造らが、「歴程」には草野心平、高橋新吉、吉田一穂、山之口貘らが参加、中原中也は双方に加わった。

▼中原中也（1907〜37）

幾時代かがありまして
　茶色い戦争ありました

―――

サーカス小屋は高い梁《はり》
　そこに一つのブランコだ

見えるともないブランコだ
頭倒《さか》さに手を垂れて
　汚《よご》れ木綿の屋蓋《やね》のもと
ゆあーん　ゆよーん　ゆやゆよん

「サーカス」

これが私の故里《ふるさと》だ
さやかに風も吹いてゐる
　　心置なく泣かれよと
　年増婦《としま》の低い声もする

あゝ　おまへはなにをして来たのだと……
吹き来る風が私に云ふ

「帰郷」

汚れつちまつた悲しみに
今日も小雪の降りかかる

汚れつちまつた悲しみに
今日も風さへ吹きすぎる

「汚れつちまつた悲しみに……」

ホラホラ、これが僕の骨だ、
生きてゐた時の苦労にみちた
あのけがらはしい肉を破つて、
しらじらと雨に洗はれ、
ヌックと出た、骨の尖《さき》。

「骨」

思へば遠く来たもんだ
十二の冬のあの夕べ
港の空に鳴り響いた
汽笛の湯気《ゆげ》は今いづこ

「頑是《ぐわんぜ》ない歌」

秋の夜は、はるかの彼方《かなた》に、

小石ばかりの、河原があつて、
それに陽《ひ》は、さらさらと
さらさらと射してゐるのでありました。

「一つのメルヘン」

数々の忘れ難い人生の詩《うた》を遺して、中也は三十で早世した。立原道造の生涯はそれよりも更に短く、二十五年弱だった。第一次世界大戦の勃発した年に生まれ、第二次大戦の勃発の年に没する。

▼立原道造（1914～39）

やさしいひとらよ　たづねるな！
――なにをおまへはして来たかと　私に
やすみなく　忘れすてねばならない
そそぎこめ　すべてを　夜に……
――
とほくあれ　限り知らない悲しみよ　にくしみよ……

ああ帰つて来た　私の横たはるほとりには
花のみ　白く咲いてあれ！　幼かつた日のやうに
「ふるさとの夜によす」

九州・長崎の諫早に生まれ、京都で学び、大阪の中学の教師となった伊東静雄の詩を、萩原朔太郎が高く評価していた。

▼伊東静雄（1906〜53）

八月の石にすがりて
さち多き蝶《てふ》ぞ、いま、息たゆる。
わが運命《さだめ》を知りしのち、
たれかよくこの烈しき
夏の陽光のなかに生きむ。
「八月の石にすがりて」

草むらに子供は踠《もが》く小鳥を見つけた。
子供はのがしはしなかつた。
けれど何か瀕死《ひんし》に傷いた小鳥の方でも
はげしくその手の指に噛みついた。

子供はハットその愛撫を裏切られて
小鳥を力まかせに投げつけた。

「自然に、充分自然に」

沖縄から東京に出てきた山之口貘は、貧窮と放浪の中で独特のリズムとユーモアを湛えた詩篇を綴った。

▼山之口貘（1903〜63）

ここに寄り集った諸氏よ
先ほどから諸氏の位置に就て考えているうちに

考えている僕の姿に僕は気がついたのであります
僕ですか？
これはまことに自惚《うぬぼ》れるようですが
びんぼうなのであります。
「自己紹介」

俳句の世界では、昭和の初期に山口誓子らの新興俳句運動が起こり、十年代には中村草田男、石田波郷ら人間探求派が活躍した。

▼**山口誓子**（1901〜94）
夏草に汽罐車の車輪来て止る
海に出て木枯帰るところなし

▼**西東三鬼**（1900〜62）

水枕ガバリと寒い海がある
寒燈の一つ一つよ国敗れ

▼**中村草田男**（1901〜83）

降る雪や明治は遠くなりにけり
万緑の中や吾子の歯生え初むる

▼**石田波郷**（1913〜69）

朝顔の紺の彼方の月日かな
雁《かりがね》や残るものみな美しき
為さざりしことのみ春の落葉焚
病室に豆撒きて妻帰りけり

▼**渡辺白泉**（1913～69）

戦争が廊下の奥に立つてゐた

短歌の世界では、明石海人の、ハンセン病が進行する中での表白が注目された。

▼**明石海人**（1901～39）

❖『明石海人歌集』（村井紀編　岩波文庫）より

診断をうべなひがたくまかりつつ扉に白き把子《ノッブ》をば忌む
父母のえらび給ひし名をすてての島の院に棲むべくは来ぬ
眼も鼻も潰《つひ》え失《う》せたる身の果にしみつきて鳴くはなにの蟲ぞも
いつしかも脱《ぬけ》失《う》せてける生爪に嘗《な》むればやさし指の円みは

一九四〇年・昭和十五年、長く日本の統治下にある朝鮮の詩人たちの詞華集・アンソロジー「乳色の雲」が、詩人・金素雲による流麗な訳で刊行された。

▼『**朝鮮詩集**』（金素雲訳編　岩波文庫版）より

野の花のこころさながら
この國に生へる詩人《うたびと》
ひとり咲き　ひとり朽ちつつ
偽らぬうたぞうれしき。

（異河潤「野菊」）

春かぜに
花ひらく、
かの人の来《きた》るらし。

春かぜに
花ぞ散る、
かの人の去りゆくらし。

（金　億「花の訓へ」）

日本で二・二六事件が起きた一九三六年には、スペインで人民戦線（共和国）政府とファシズム・フランコ将軍派との内戦が始まる。詩人フェデリコ・ガルシア・ロルカは、故郷グラナダの近郊でファシストの側に銃殺される。

▼ガルシア・ロルカ（スペイン　1898〜1936）

わたしが死んだら、
露台《バルコン》は開けたままにしておいて。

子供がオレンジの実を食べる。
（露台《バルコン》から　わたしはそれを見るのです。）

刈り取り人が麦を刈る。
（露台《バルコン》から　わたしはその音を聞くのです。）

わたしが死んだら、
露台《バルコン》は開けたままにしておいて。

「別れ」

サンティアーゴに雨が降る
わたしの優しい恋人よ。
空にかかった白い椿が
ぼんやりと光っている　おお　太陽よ。

「サンティアーゴの町への恋歌（マドリガル）」
『ロルカ詩集』（小海永二訳　土曜美術社出版販売）

スペイン内戦では、ヘミングウェイやジョージ・オーウェル、アンドレ・マルロー、シモーヌ・ヴェイユ、W・H・オーデンら諸外国の作家や詩人らも共和国の側に加わったり、支援したりした。ナチス・ドイツはフランコを支援し、スペイン北部の町・ゲルニカを空爆する。ピカソが、その惨状を「ゲルニカ」に描いた。オーデンは、「スペイン」という長詩を書く。

▼**W・H・オーデン**（英から米　1907〜73）

星は死んだ。獣たちは見ようとせぬ。
ぼくらはぼくらの日と対峙する一人ぼっち。時は短い。
　そして歴史は敗残者に対し
遺憾の意を表しえても、
これを助けも赦しもすることはできぬ。

『オーデン名詩評釈』（安田章一郎訳　大阪教育図書）

オーデンは後年、この「スペイン」について、自らの心に正直でなかったとして一部を削除し、更に全部を破棄したという。内戦という極限状態に於ける表白の難しさを噛みしめたのだろうか。彼の詩句には、第一章のホラーティウスの項で引いた「感謝のことば」に通ずるような、ユーモアの漂う、言い得て妙な、琴線に触れるものも多い。

詩人の夢は、自分の詩が、
どこかの谷間で作られたチーズのように、
土地特有のもので、しかもほかの土地で賞味されること。

そのつもりはなくても、

川はいつか
海に達し、
人間はやがて
死の床に達する。

『オーデン詩集』（沢崎順之助訳編　思潮社）

オーデン以後、英国有数の詩才といわれながらアルコール中毒に陥って若死にしたのが、ディラン・トマスだった。

▼ディラン・トマス（英　１９１４～５３）

緑の導火線を通って花を咲かせる力は
ぼくの緑の年月を駆りたて　木々の根を萎《しお》れさせる力が
ぼくを破壊する

『ディラン・トマス詩集』（松浦直巳訳　彌生書房）

緑と導火線という、若い命と破壊との出遭いが切なくも鮮やかだ。別の詩にも、彼の並々ならぬ詩人の魂を感じさせる忘れ難い一連がある。

公園で遊んでいて　ぼくが投げたボールは
まだ地面に落ちていない
（同書）

詩人は時を止め、時は人をさらう。後年、第二次大戦の後、米・ミネソタ州にディラン・トマスに惹かれた音楽青年が居た。本名がロバート（ボブ）・ジンママンだった彼は、やがてその芸名を、ボブ・ディランと定めた。

一九三九年九月、ナチス・ドイツのポーランド侵攻によって第二次大戦が勃発、やがてパリもヒトラーの手に落ち、ナチスへの抵抗運動・レジスタンスが起こる。その中に、詩人エリュアールの姿もあった。奪われた「自由」への希求を詠う。

▼ポール・エリュアール（仏　1895〜1952）

小学生用のぼくのノートの上に
ぼくの机の上に　木々の上に
砂の上　雪の上にも
きみの名前をぼくは書く

すべての読まれたページの上に
すべての白いページの上に
石や血や紙や灰にも
きみの名前をぼくは書く

——

そして一つの言葉の力で
ぼくはまたぼくの人生をはじめる
きみを知るため　きみの名前を呼ぶために
ぼくは生まれた

自由よ。

「自由」

『エリュアール詩集』（嶋岡晨編訳　飯塚書店）

四一年十二月八日、日本軍がハワイ・真珠湾を攻撃する。
太宰治（１９０９〜４８）は小説「十二月八日」で、開戦の臨時ニュースを聴く主婦の口を借りてその朝を描いた。

それを、じつと聞いてゐるうちに、私の人間は変つてしまつた。強い光線を受けて、からだが透明になるやうな感じ。あるひは、聖霊の息吹《いぶ》きを受けて、つめたい花びらをいちまい胸の中に宿したやうな気持ち。日本も、けさから、ちがふ日本になつたのだ。　『太宰治全集』（筑摩書房）

詩人・文人の多くがこの戦《いくさ》を讃え、あるいは沈黙し、日本の古典の研究に向かうなどした。文学・芸術の世界も時局・時勢に呑み込まれ、翌四二年には戦争協力の「日本文学報国会」が組織される。日本で学徒出陣が始まった四三年、ドイツ・ミュンヘンの大学で、ナチス支配に抵抗し、ヒトラーと戦争とを批判するビラを撒いたハンスとソフィーのショル兄妹が逮捕され、斬首・処刑される。ソフィーが、逮捕の前日に友人宛に書いたという手紙から。

今、蓄音器で『鱒』の五重奏を聴いているの。アンダンティーノのところが聴こえてくると、鱒になりたいような気分になっちゃうわ――心が重く沈んで悲しく、空に浮かぶ春の雲も、芽吹きかけた木の枝が若い太陽の光に輝きつつ揺れているのも、はかばかしく目に入らなかったのだけれど。ああ、でももう大丈夫、本当に心から春がくるのを喜べる気持ちになったわ。

『白バラの声』(インゲ・イェンス編　山下公子訳　新曜社)

ソフィーは、処刑される直前に面会した両親に、「これでおしまいではないわ」と述べたという。

四四年、連合国軍が仏・ノルマンジーに上陸、パリ解放の日が訪れる。エリュアールは「パリはよみがえった!」という詩を書いた。

ぼくらは忠実な河の方へと降りていった。
その波もぼくらの瞳も、パリを見捨てなかった。
かわいい都市というより、
子どものようであり母親のようであるパリ。

連合国軍はナチスの強制収容所を次々に解放していった。しかし、その時を待たずに膨大な数の人々が収容所で命脈を絶たれた。その中の一人、ルーマニアの少女ゼルマが書き遺した詩が、痛切な思いを今に伝える。

▼**ゼルマ・アイジンガー**（ルーマニア　１９２４〜４２）

大気はそよとしてやさしく、冷たい。
遠くのポプラがくりかえし手をふっている。

わたしは生きたい。
わたしは笑い、重荷をふりはらいたい、
そして闘い、愛し、憎みたい、
そして両手で空をつかみたい、
そして自由になって、呼吸し、叫びたい。
わたしは死にたくない。いや！

―――

なぜ、大砲はうなるの？
なぜ、きらめく王冠のために
生命《いのち》は死ぬの？

『ゼルマの詩集』（秋山宏訳　岩波書店）

大戦勃発から五年余り、真珠湾攻撃からは三年余で、あの一九四五年・昭和二十年に至る。
三月　東京大空襲
四月　米軍沖縄本島上陸　ヒトラー自殺
五月　ドイツ降伏
七月　ポツダム宣言
八月　広島、長崎、原爆投下　日本降伏
　第二次世界大戦終結

あなたは勝つものとおもつてゐましたかと
　老いたる妻のさびしげにいふ　土岐善麿

花もてる夏樹の上をああ「時」が
　じいんじいんと過ぎてゆくなり　香川進

第七章　戦後・冷戦から「滅亡の危機」の時代へ

第六章では、第一次世界大戦の後から第二次大戦が終わる頃までの国内外の詩の世界を辿った。本章では、戦後間もなく冷戦体制となり、米国のベトナム戦争やソ連による周辺国への侵攻等で、覇権を争う両国の専横・暴走が問われる六〇年代までに生まれた詩の世界を巡る。日本では、敗戦による「第二の開国」で規制が一気に解かれ、様々な詩・文芸の旗が占領下の焼け跡の街に翻った。やがて、核兵器が途方もなく膨れ上がり、地球を覆ってゆく。戦後の世界が戦前と決定的に違うのは、故意、過失や戦時、平時を問わず、オーバーキル・過剰殺戮による世界壊滅の可能性の下に在ることだろう。「滅亡の危機」を孕む時代にまで立ち至ったことを省みる思潮や、時代への抵抗、批判を示す詩《うた》が生まれ、響き合った。

――アウシュヴィッツの後に詩を書くのは野蛮である。

この、ドイツの哲学者アドルノ（１９０３～６９）の言に頷くにせよ反発するにせよ、戦後の詩人、ことに欧州の詩人・作家の多くは、この一行を意識してきたと思われる。それほどの深い傷を、ナチス・ドイツの暴虐は人類史に残した。

ポーランドのアウシュヴィッツ（オシフィエンチム）を訪ねたのは、十余年前の冬だった。二月、ベルリンからワルシャワ経由で南部の古都クラクフに着き、近郊の強制収容所跡に向かった。雪原の広がる中、ドイツ語で「労働が自由をもたらす」と書かれたアーチ型の門をくぐり、毒ガス室の跡や「処刑の壁」、犠牲者のメガネ、靴の山を見た。

「野蛮」とは、一般には、文化的に未開で乱暴なことを指す。結果としてアウシュヴィッツを生むことになる二十世紀のヨーロッパは、自らは世界で最も野蛮から遠いところ、つまり文化・文明の先端に居たと思いこんでいたのではないか。欧州が誇ってきた文化なるものを欧州自らが踏みにじり、否定したことを、このアウシュヴィッツは象徴的に示している。

「詩を書く」とは、一般には、人の生や自然や世の営みについて、その根源・本質を言い当てるような言葉を見出すことであろう。それは、人間の文化的な営為の象徴でもある。そして「詩を書く」には、詩作だけではなく、散文・小説、音楽、絵画、彫刻、演劇、舞踏など、あらゆる文化的ないしは芸術的な営為が含まれると考えられる。そうした営みが野蛮であり、未開であり、反文化的であるとは、どういうことなのか。

やはり、「アウシュヴィッツ後に」という、アドルノが付けた条件が肝要だ。アウシュヴィッツを生んでしまった社会の野蛮さと、文明国という「慢心」に対する根源的な自覚と反省が為されないまま芸術的なものを求めても、それはアウシュヴィッツをもたらした野蛮さからは逃れられないということであろう。

アウシュヴィッツでの苛酷な体験などを綴ったオーストリアの精神分析学者フランクル（１９０５～９７）の「夜と霧」や、イタリア人作家プリモ・レーヴィ（１９１９～８７）の「これが人間か」が、戦後相次いで出版される。

日本では、米軍による全国各地への無差別・徹底的な空襲と原子爆弾の投下、降伏、占領、シベリア抑留、復員という未曾有の事態で戦後が始まった。
焼け跡と闇市の街にマッカーサー・占領軍が進駐し、武装を解かれた帰還兵や傷痍軍人が姿を現す。死線を越え、生き残った人たちが口を開き始める。

▼鮎川信夫（1920〜86）

たとえば霧や
あらゆる階段の跫音のなかから、
遺言執行人が、ぼんやりと姿を現す。
——これがすべての始まりである。

———

Mよ、地下に眠るMよ、
きみの胸の傷口は今でもまだ痛むか。

「死んだ男」

『日本現代詩大系』（河出書房新社）

ソ連によってシベリアに拉致され、収容所で迫害されていた日本人が帰国する。

▼石原吉郎（1915〜77）

なんという駅を出発して来たのか
もう誰もおぼえていない
ただ　いつも右側は真昼で
左側は真夜中のふしぎな国を
汽車ははしりつづけている
駅に着くごとに　かならず
赤いランプが窓をのぞき
よごれた義足やぼろ靴といっしょに
まっ黒なかたまりが
投げこまれる

「葬式列車」

しずかな肩には
声だけがならぶのでない
声よりも近く
敵がならぶのだ

「位置」（同大系）

広島で原子爆弾を被爆しつつも生き延び、「夏の花」を著した原民喜は、六年後に東京で鉄道自殺する。

▼原民喜（１９０５〜５１）

遠き日の石に刻み
　　砂に影おち
崩れ墜《お》つ　天地のまなか
一輪の花の幻

「碑銘」

▼木原孝一（１９２２〜７９）

昭和二十年
五月二十四日の夜が明けると

弟よ　おまえは黒焦げの燃えがらだった
薪を積んで　残った骨をのせて　石油をかけて
弟よ　わたしはおまえを焼いた
――
　一九五五年
　戦争が終って　十年経った
弟よ
おまえのほうからはよく見えるだろう
わたしには　いま
何処で　何が起っているのか　よくわからない

「鎮魂歌」

▼安東次男（１９１９～２００２）

八月というのは
享《う》けつがれた果物だ

新鮮で
爽やかである
だが要するに
誰がくれたか
誰にやるのか
覚えてはいない
受取人のいない
手紙のようなものだ

「夕立」

歌人、俳人らも召集され、戦場に赴いた。

▼宮柊二（1912〜86）

殆どが鬼籍《きせき》となりし小隊に呼びかくるごとく感状下る
必ずは死なむこころを誌《しる》したる手紙書き了《を》へぬ亢奮《たかぶり》もなし
ひきよせて寄り添ふごとく刺《さ》ししかば声も立てなくくづをれて伏す

▼近藤芳美（1913〜2006）

国論の統制されて行くさまが水際《みづぎは》立てりと語り合ふのみ

たちまちに君の姿を霧とざし或る楽章をわれは思ひき

砲艦は手旗うちつつ行き過ぎぬああ清き日本語にて

傷つきし爪生ひ更《かは》りとどのへばなべて其のまの過去となりにし

まして歌などこの現実に耐へ得るや夜を更《ふ》かし又耳鳴りがする

▼鈴木六林男（1919〜2004）

遺品あり岩波文庫「阿部一族」

水あれば飲み敵あれば射ち戦死せり

歌人・吉野秀雄は、終戦の前年の夏、四人の幼子らを抱えて妻に先立たれた。

▼**吉野秀雄**（１９０２〜６７）

古畳を蚤《のみ》のはねとぶ病室に汝《な》がたまの緒《を》は細りゆくなり
病む妻の足頸《あしくび》にぎり昼寝する末の子をみれば死なしめがたし
炎天に行遭《ゆきあ》ひし友と死《しに》近き妻が棺《ひつぎ》の確保打合はす
戦《いくさ》敗れししづもりの底に一年《ひととせ》の妻が忌日《いみび》のめぐるかなしび

朝鮮から日本の大学に留学中に治安維持法違反の嫌疑で逮捕、収監されていた尹東柱《ユンドンジュ》が、終戦の半年前に福岡刑務所で獄死する。四八年になって、遺稿を編んだ詩集「空と風と星と詩」がソウルで出版された。

▼**尹東柱**（朝鮮　１９１７〜４５）

死ぬ日まで天を仰ぎ
一点の恥じ入ることもないことを、
葉あいにおきる風にさえ

わたしは思い煩った。
星を歌う心で
すべての絶え入るものをいとおしまねば
そして私に与えられた道を
歩いていかねば。

今夜も星が　風にかすれて泣いている。

『空と風と星と詩』（金時鐘編訳　岩波文庫）

日本の戦没学生の手記集「きけ　わだつみのこえ」が四九年に刊行され、大きな反響を呼んだ。

▼**『きけ　わだつみのこえ』**（日本戦没学生記念会編　岩波書店）より

汽車が通ってゆく。闇のなかにひとつらなりの記憶のような灯をともして。私の切られた髪が流れてゆくよ。

武井脩

くらき海くらき眼をもて見つめつつただひたすらに合掌《がっしょう》するも　木村節

爆音を壕中にして歌つくるあわれ吾《わ》が春今つきんとす　蜂谷博史

音もなく我より去りしものなれど書きて偲びぬ明日という字を　木村久夫

この書の序文で、仏文学者・渡辺一夫は、大戦中にレジスタンスに参加したフランスの詩人ジャン・タルジューの詩を訳出し、「若くして非業死《ひごうし》を求めさせられた学徒諸君のために、僕は、心から黙祷を献げたい」と述べた。

死んだ人々は、還《かえ》ってこない以上、
生き残った人々は、何が判《わか》ればいい？
死んだ人々には、慨《なげ》く術《すべ》もない以上、
生き残った人々は、誰のこと、何を、慨《なげ》いたらいい？

T・S・エリオットの「荒地」に触発されたともされ、焼け跡・日本を象徴するようでもある詩誌「荒地」が戦後に刊行されたのは四七年だった。復員した鮎川信夫や田村隆一を中心に、いわゆる「戦後詩」の中核を成してゆく。戦時中、海軍に属していた田村は敗戦を内地で迎え、海外での苛酷な戦場や戦闘は体験していない。しかし、彼の類い稀な詩才は、死と隣り合わせになっていた時代の「心の戦場」の苛酷さを鮮烈に描き出し、その詩句は時代を貫いた。

▼田村隆一（1923〜98）

❖『田村隆一』（中央公論社）より

空は
われわれの時代の漂流物でいっぱいだ
一羽の小鳥でさえ
暗黒の巣にかえってゆくためには
われわれのにがい心を通らねばならない　　「幻を見る人」

この男　つまり私が語りはじめた彼は　若年にして父を殺した　その秋　母親は美しく発狂した

「腐刻画」

一篇の詩が生れるためには、
われわれは殺さなければならない
多くのものを殺さなければならない
多くの愛するものを射殺し、暗殺し、毒殺するのだ

「四千の日と夜」

わたしの屍体に手を触れるな
おまえたちの手は
「死」に触れることができない
わたしの屍体は
群衆のなかにまじえて
雨にうたせよ

——

わたしの屍体を火で焼くな
おまえたちの死は
火で焼くことができない

わたしの屍体は
文明のなかに吊るして
腐らせよ　　　　　　　　　　　　「立棺」

ひとつの沈黙がうまれるのは
われわれの頭上で
天使が「時」をさえぎるからだ　　「天使」

針一本
床に落ちてもひびくような
夕暮がある　　　　　　　　　　　「恐怖の研究」

◇「雨」と「風」と

田村隆一の詩句には、「雨」が心憎いほどに際立つ所がある。

右に引いた「立棺」の「雨にうたせよ」や「四千の日と夜」の「聴け、雨のふるあらゆる都市」、そして次の「十月の詩」の中に降る雨も印象深い。

十月はわたしの帝国だ
わたしの死せる軍隊は雨のふるあらゆる都市を占領する

後に、吉本隆明が述べている。
「田村隆一はひとくちに『雨』の暗喩の詩人として、おおきな影響を与えてきたとおもう」（同書）
「雨」の意味については、こう記す。「『雨』はこの詩人の分身の擬人的な暗喩のようにみえる。またじぶんを生んだ母親との関係を象徴するために、また出生のすべてを呑み込んだ戦争の全体像を象徴するために、いつも濡れそぼって存在した生の状態を暗喩するものにもみえる――『雨』のふっている都市のイメージは、けっして明るく発展することがない。死の痕跡（戦争）を斑点のように付けたままである」
この、読みの深さを改めて認めつつ、「雨」、そして雨と同じく極めて身近な自然現象である「風」の詩意について、私感を記す。

雨は天から降りてきて等しく地上のものを濡らし、打つ。
今・現在や現実を洗い流し、表層の下の過去を蘇らせる。
――雨の巷に降る如く　われの心に涙ふる　（ヴェルレーヌ）
雨は、戻ることのない過去への架け橋になる。

風の方は、何処《いずこ》からか来て地上のものを包み、去る。
今・現在や現実を吹き流し、未来を呼び込む。
――風が立つ！　……いまこそ生きねば――　（ヴァレリー）
目に見えない風は、見えない未来への架け橋になる。
雨は過去を招き、風は未来を呼ぶ。

敗戦によって様々の規制が解かれ、押し留められていた欧米の文化・文芸も一気に流れ込んできた。長い鎖国の後に来た江戸幕末の開国を近代以降の最初の開国とすれば、これは約百年後の第二の開国であった。思想の統制・弾圧による「鎖国」の解除とも相俟《ま》って、焼け跡・日本には様々な文芸の旗が立ち上り、時代の風に翻った。

終戦の年の暮れに旗揚げした文芸誌「近代文学」には、埴谷雄高が生涯にわたって書き継ぐことになる「死霊」が登場する。埴谷は、「存在の探究」や「精神のリレー」で知られるが、その文の底には詩情が感じられる。本人も、「文学の内奥の深い核芯こそは詩によつてのみ支えられていると思いつづけている」と述べた（『埴谷雄高全集』講談社）。

▼**埴谷雄高**（１９０９〜９７）

——薔薇、屈辱、自同律——

つづめて云えば俺はこれだけ。

私はしばしば想いなやむのであるが、不快の裡に棲むものは論理と詩学のみであろうか。翅よ、翅よ、誰がここから飛びたつであろう。

——

俺は人間でありたいとは欲しない。なにか謎でありたい。

『不合理ゆえに吾信ず』（現代思潮社）

太古の闇と宇宙の涯から涯へ吹く風が触れあうところに、そいつはいた。そいつは石のように坐っていた。

「序詞　寂寥」（『埴谷雄高作品集』河出書房新社）

悪意と深淵の間に彷徨いつつ
宇宙のごとく
私語する死霊達

最近の記録には嘗て存在しなかつたといわれるほどの激しい、不気味な暑気がつづき、そのため、自然的にも社会的にも不吉な事件が相次いで起つた或る夏も終りの或る曇つた、蒸暑い日の午前、××瘋癲病院の古風な正門を、一人の痩せぎすな長身の青年が通り過ぎた。　「死霊」（同・作品集）

「死霊」は、四人の兄弟を中心に人間の存在や宇宙についての哲学的な思弁が交錯する。観念小説ともいわれる。自身の逮捕、拘禁の体験と、戦争などによる多くの死の上に築かれたあの時代とが、色濃く影を落としている。昔、「不合理ゆえに」や「死霊」「虚空」などが湛えている詩的情感に惹かれて以来四十余年にもなるが、著者の真意まで理解しえたとは未だ言い難い。

埴谷は晩年、「死霊」について「こんなに長い間書き続けていて、途中で書くのをやめようと思ったことはないですか」と立花隆氏に問われ、答えた。

「ないですね。ぼくは、自分が生まれてきた意味をはっきりさせようとしているんです。ぼく自身の問題、一生の課題がここにある」

『埴谷雄高／生命・宇宙・人類』（角川春樹事務所）

◇戦後文学の「人間交差点」

埴谷は、二十世紀初頭の日本文芸の「百花繚乱期」に植民地・台湾に生まれ、育った。昭和初期の青年期には東京で左翼運動にかかわり、逮捕、投獄、転向を経て戦時中は思いを溜めつつ、「不合理ゆえに」などを著す。

戦後は「近代文学」の柱となり、世紀末までの半世紀に及ぶ作家活動で数多の文人、学者らと交わり、影響を与えた。また、詩と散文、詩と論理、文学と哲学の交わる領域や、虚と実、夢と覚醒、宇宙と人間などの交錯、交接する地点に立ち、思考を続けた。

埴谷の著した『戦後の文学者たち』(構想社)に登場する詩人・作家だけでも、次のように幅が広い。石川淳、草野心平、原民喜、坂口安吾、高見順、大岡昇平、花田清輝、長谷川四郎、竹内好、武田泰淳、田中英光、堀田善衛、寺田透、渡辺一夫、中村真一郎、島尾敏雄、福永武彦、安岡章太郎、鶴見俊輔、田村隆一、安部公房、吉行淳之介、吉本隆明、三島由紀夫、辻邦生、井上光晴、立原正秋、北杜夫、澁澤龍彦、開高健、高橋和巳、小田実、大江健三郎――。終戦直後から現今までの日本の文学者の系譜と、かなり重なっている。


埴谷が「死霊」を連載していた四六年、同い年で、疎開先から焼け跡の東京に戻ってきた太宰治は、戯曲「春の枯葉」を発表する。敗戦後の鬱屈した精神の風景を巧みに描いたこの作に惹かれた学生・吉本隆明が、上演の許可を得ようと太宰を訪ねた。

作中、主人公の男性教師が、流行歌風の歌詞をつぶやく。

あなたじゃ　ないのよ
あなたじゃ　ない
あなたを　待って　いたのじゃない

後に吉本は、「〈あなた〉というのはアメリカのことを言ってるんだよ」と太宰から聞いた、と述べている。

『東京人』（2008年12月・増刊号）

太宰や埴谷らと同様、戦前に左翼活動で官憲に拘束されたことのある高見順や菅原克己が、それぞれの体験・苦悩を昇華させた印象深い詩句を生み出してゆく。

▼高見順（1907〜65）

葡萄に種子があるやうに
私の胸に悲しみがある

青い葡萄が
酒に成るやうに
私の胸の悲しみよ
喜びに成れ
「葡萄に種子があるやうに」

さようなら
君たちともう二度と会えないだろう
私は病院へガンの手術を受けに行くのだ
こうした朝　君たちに会えたことはうれしい
見知らぬ君たちだが
君たちが元気なのがとてもうれしい
青春はいつも健在なのだ
さようなら
もう発車だ　死へともう出発だ
さようなら
青春よ
青春はいつも元気だ

さようなら
私の青春よ

「青春の健在」

『高見順詩集』（思潮社）

▼菅原克己（1911〜88）

東一番丁、
ブラザー軒。
硝子簾がキラキラ波うち、
あたりいちめん氷を噛む音。
死んだおやじが入って来る。
死んだ妹をつれて
氷水喰べに、
ぼくのわきへ。
色あせたメリンスの着物。
おできいっぱいつけた妹。

―――
妹は匙ですくう
白い氷のかけら。
ぼくも噛む
白い氷のかけら。
ふたりには声がない。
ふたりにはぼくが見えない。
おやじはひげを拭く。
妹は氷をこぼす。

―――
たなばたの夜。
キラキラ波うつ
硝子簾の向うの闇に。

そんなにはやく歩くと
きっと大切なものを素通りする。
よそみせずに静かに歩こう。

「ブラザー軒」

人はたくさんの知識をほこるが
ぼくにはなにもない。
もしたれかが稚いといったら
足もとを見て、
ぼくは正直だったかと自問しよう。

「大切なもの」

荷物をまとめ終ると
いつもチャーハン、とくるのが
ふしぎだな。

「陽気な引っ越し」

『菅原克己詩集』（思潮社）

童謡や童話の世界にも、深い詩情を湛える作品が生まれる。いつも身近にある普段着のような言葉が琴線に触れ、懐かしさを呼び起こす。

▼まど・みちお（１９０９〜２０１４）

うたを　うたう　とき
わたしは　からだを　ぬぎます
からだを　ぬいで
こころ　ひとつに　なります
こころ　ひとつに　なって
かるがる　とんでいくのです

太陽
月
星

そして
雨
風
虹《にじ》

「うたを　うたうとき」

やまびこ

ああ　一ばん　ふるいものばかりが
どうして　いつも　こんなに
一ばん　あたらしいのだろう

「どうして　いつも」
『まど・みちお』（あすなろ書房）

▼**岸田衿子**（1929〜2011）

ひとは行くところがないと
花のそばにやってくる

花は　咲《さ》いているだけなのに
水は　ひかっているだけなのに
――
ひとは　群《むれ》からはなれると

花のそばへやってくる
花は　黙《だま》っているだけなのに
水は　みなぎっているだけなのに

「花のかず」

星はこれいじょう
近くはならない
それで　地球の草と男の子は
いつも　背《せ》のびしている

「星はこれいじょう」

『たいせつな一日　岸田衿子詩集』（理論社）

戦時中に禁じられていた多くの欧米諸国の音楽も、一気に流れ込んでくる。武満徹（１９３０〜９６）は、終戦の間際に禁制の音楽に触れて感動し、戦後に作曲家を目指すきっかけとなった一夜のことを、繰り返し述べている。

中学生だった武満は、埼玉県内の陸軍の基地で勤労動員の日々を送っていた。ある夜、一人の見習士官が手回しの蓄音器をさげて宿舎に来た。やがて流れてきた、初めて聞くシャンソンの歌声が、彼を深く捉えた。

「その時、私の心は他の学生たちとおなじように、おおうことのできない空洞であり、ただその歌がしみこむにまかせていた――その歌は時と空間を越えた充分なやさしさで私をつつんだ」（『武満徹エッセイ選』ちくま学芸文庫）

その曲が、リュシエンヌ・ボアイエの歌う「パルレ・モア・ダムール（聞かせてよ、愛のことばを）」だったと、後年に知ったという。

戦後の日本では、人々の心の空洞にしみ渡るように、シャンソン・ブームが到来する。それを象徴する曲の一つ、「枯葉」を作詞したのが詩人プレヴェールだった。

▼ジャック・プレヴェール（仏　１９００〜７７）

三本のマッチ　一本ずつ擦《す》る　夜のなかで
はじめのはきみの顔を隈《くま》なく見るため
つぎはきみの目をみるため
最後はきみのくちびるを見るため
残りのくらやみは今のすべてを想い出すため
きみを抱きしめながら。

「夜のパリ」

思い出せ　バルバラ
あの日ブレストはひっきりなしの雨ふりで
雨のなかを
きみは歩いていた　ほほえみながら
——
思い出せ　バルバラ
忘れるな
しあわせなきみの顔に
しあわせなあの町に
あのおだやかな雨　しあわせな雨
——
ああ　バルバラ
じつに愚劣《ぐれつ》だ　戦争は
この鉄の雨
火の雨　血の雨　鋼《はがね》の雨のなかで
今きみはどうしている

「バルバラ」

『プレヴェール詩集』（小笠原豊樹訳　マガジンハウス）

戦後の冷戦体制で西側に組み込まれた日本は、強大な米国の圧力・影響の下、新憲法の施行（四七年）、対日平和条約の調印（五一年）、自衛隊の発足（五四年）などを経て、六〇年の日米安保条約の改定で激しく揺れた。詩人・文人らもそれぞれに、この戦後最大の政治の季節を生きた。

▼谷川　雁（1923〜95）

おれは大地の商人になろう
きのこを売ろう　あくまでにがい茶を
色のひとつ足らぬ虹を

「商人」

『戦後名詩選』（思潮社）

▼吉本隆明（1924〜2012）

ぼくの孤独はほとんど極限《リミット》に耐えられる
ぼくの肉体はほとんど苛酷に耐えられる
ぼくがたふれたらひとつの直接性がたふれる
もたれあふことをきらつた反抗がたふれる

「ちひさな群への挨拶」

ぼくが真実を口にすると　ほとんど全世界を凍らせるだらうといふ妄想によつて　ぼくは廃人であるさうだ

「廃人の歌」

『吉本隆明全著作集』（勁草書房）

▼**寺山修司**（１９３５〜８３）

きらめく季節に
たれがあの帆を歌ったか
つかのまの僕に
過ぎてゆく時よ

「五月の詩・序詞」

マッチ擦るつかのまの海に霧ふかし身捨つるほどの祖国はありや
蠅とまる足うら向けて眠りをり彼にいかなる革命来むか

昭和十年十二月十日に
ぼくは不完全な死体として生まれ
何十年かかゝって
完全な死体となるのである
そのときが来たら
ぼくは思いあたるだろう
青森市浦町字橋本の
小さな陽あたりのいゝ家の庭で
外に向って育ちすぎた桜の木が
内部から成長をはじめるときが来たことを

子供の頃、ぼくは
汽車の口真似が上手かった

ぼくは
世界の涯てが
自分自身の夢のなかにしかないことを
知っていたのだ

「懐かしのわが家」

『続・寺山修司詩集』（思潮社）

▼岸上大作（１９３９〜６０）

意志表示せまり声なきこえを背にただ掌の中にマッチ擦るのみ

日本が六〇年安保で揺れている頃、米・ソの覇権争いによる世界壊滅の可能性を孕む動きが進んでいた。

五九年　キューバ革命
六一年　ケネディ、米大統領就任
　　　　キューバ・ピッグス湾への進攻
　　　　東独「ベルリンの壁」構築

六二年　ソ連、ミサイル基地建設「キューバ危機」
　ケネディ、海上封鎖　「第三次世界大戦」寸前
　フルシチョフ、ミサイル撤去
ニューヨークで二十一歳の時に「キューバ危機」を体感したボブ・ディランは、「この先、もうあまり長くないかもしれないという切迫感を持っていた」と述べている。
『ボブ・ディラン　全年代インタヴュー集』（インフォレスト）

▼ボブ・ディラン（米　１９４１〜）
「キューバ危機」の時、ディランは、ソ連からの攻撃を想定した小学生の頃の訓練を思い出していたかもしれない。

——訓練のサイレンが鳴ると、机の下にもぐって顔を伏せ、筋肉ひとつ動かしてはいけないし、音を立ててもいけなかった。まるで、そうすれば爆撃を受けても助かるかのように。全滅の脅威は恐ろしかった。アメリカがロシア人をそこまで怒らせる何をしたのか、わたしたちにはわからなかった。血に飢えたアカがそこいらじゅうにいる、とわたしたちは教えられた。
『ボブ・ディラン自伝』（菅野ヘッケル訳　ソフトバンク・パブリッシング）

彼がキューバ危機の直前に吹き込んだ「風に吹かれて」が翌六三年から世界中に広まってゆく。「上を向いて歩こう」や「スーダラ節」が流れ、東京五輪に沸く六〇年代の日本にも、言葉を放り投げるようなディランの歌唱と「How many」の畳み掛けが響いた。幾人もの先達の訳詞に学びつつ、我流の意訳の冒頭部分を記す。

どれだけの　道を辿れば　人は認められるのか
どれだけの　海を渡れば　鳩は砂浜に安らげるのか
どれだけの　弾が飛べば　砲撃は永遠《とわ》に止むのか
その答えは　友よ　風の中にある
答えは　風に吹かれている

「天・地・人」の世界を連想させる大地を歩む人と海を渡る鳥、そして空を飛び交う砲弾に絡めた問いを重ね、その答えは風に吹かれて……と結ぶ。確かに、その答えは見つかりそうもないが、絶対・永久に見つからないとも言えない。そのあいまいさと、全否定はしたくないという思いが微かながら希望を留《とど》め、未来に繋ぐ。
「答えは風に」の「風」も利いている。それは、田村隆一の詩の所で述べたような「風」の持つ未来へと向かう力に通じている。

風は、何処からか来て、今・現在を包み、移ってゆく。

目に見えない風は、見えない未来への架け橋となる。

根深い人種差別と公民権運動の高まり、「キューバ危機」と第三次世界大戦・全滅の恐怖、ベトナム戦争の激化と反戦運動、ケネディ兄弟とキング牧師の暗殺、中国・文化大革命、ソ連による「プラハの春」弾圧、フランス「五月革命」と世界の大学の揺れ、人類の月面到達……。六〇年代に相次いだ、人類史に残る大きな出来事や動きと共振・共鳴するようにして、この歌は世界を経巡る。いわば、あの時代がディランにとりつき、時代と擦れあうようなディランの詩と声が六〇年代を貫いた。

簡明で耳に残り、哀感も漂うメロディの方は古い黒人霊歌に由来すると聞く。そうだとすれば、歌い継がれてきた旋律とディランの詩とが融合して、新しい時代を象徴する曲が生まれたといえよう。彼の「Ｈｏｗ　ｍａｎｙ」の問い掛けは六〇年代で留まることなく、二十一世紀の今もなお古びず、切実に感じられる。それはこの歌の特段の力強さを示すと同時に、核兵器による世界壊滅の脅威や強大な国々の専横・暴走、戦争、テロ・暗殺、不平等・差別などを生む世の中の構造が、半世紀経った今もさほど変わっていないことをも示している。この歌がその時代にどう響くのか、どう感じ取られるのかに、その時代の姿形が映る。これほどに「時代《とき》の肖像」を映す鏡のような歌は稀なのではないか。もちろん、その歌や詩が時代を映しているかどうかは詩句の持つ力の一つの面に過ぎない。例えば、ディランの名が世界に広まる頃に没したエディット・ピアフが「空が落ちてこようと　大地が崩れようと　かまわない」と歌った「愛の讃歌」などは、時代を映すかどうかよりも、人間の営みの深奥に呼びかける叙情の詩と歌唱の力によって人々の胸に響く。

叙情詩と、「風に吹かれて」のようにその時代の姿かたち・肖像を詠い、映す「叙時詩」。それぞれの詩の世界で、歌い手と詩句と旋律が奇跡的な出逢いをした時に、時空を超えた一曲が生まれる。

ここで、本書では初めて、存命の人＝ディランの詩句を引用した。それまでに引いてきた数多の詩人・文人はいずれも、数千年前から近年までに没している。その人たちが残した詩句は、今もなお生きている。それを改めて確かめつつ綴ってきたが、その人物が今この瞬間にも生きているという感覚は、物故した人々を思う時とは少し違う。ディランが今どこに居て何をしているにせよ、同じこの星の上で共に息を吸い、息を吐いていると思うと、悠久・無限の時間の中で「時を共にしている」という偶然の妙と、いずれは誰しもが別れゆくという厳しさとを、改めて感じさせられる。


――人生は一行のボオドレエルにも若《し》かない。


昔、「風に吹かれて」を初めて耳にした頃、この芥川龍之介の一行やボードレールの世界にも出遭ったと記憶する。それから約半世紀を経て、改めて芥川の一行に着目し、古代メソポタミアのギルガメシュ叙事詩にまで遡って始めた「詩のオデュッセイア」も、副題に掲げたディランにまで何とか辿り着いた。ここまでは、人類が詩句に託した様々な表白を年代に沿って編み、寸感を添えてきた。

この後には、四千年に亘る詩の世界への旅・遍歴によって立ち現れてきたと思われる事どもについて綴る。

第八章　詩の世界での不易と移ろい

第七章までは、紀元前から第二次世界大戦後の現今に至る詩句の世界を辿ってきた。様々な時代・民族が生み出した多彩な言葉の饗宴にひたり、詩の大海に揉まれた余韻が長く続いている。これまでは、年代に沿いながら、いわば時を輪切りにして東西の詩人・文人の作に触れ、寸感を添えてきた。この後は、四千年の巡歴によって感じられた詩の主題の変遷や、人類が詩に託してきたことなどについて記す。

（以下、新たな引用詩句等には適宜出典を、既出のものには、掲載した本書の章を示す）

太古から現代まで、詩の姿形が移り変わる中で、変わらずに主題・テーマとなり続けているのが「戦《いくさ》・戦争」である。

古代のトロイ戦争を主題としたホメーロスの叙事詩「イーリアス」以後、二十世紀の二度の世界大戦や全面核戦争の予感に至るまで、部族間の争闘や民族、国家間の戦争はテーマになり続けてきた。戦争に絡んだ詩句の引用は、本書でも数多くなった。

三千余年前のトロイ戦争の舞台とされる現トルコ西端のヒッサリクの丘に立ったのは、二〇〇三年の冬のことだった。米国・ブッシュ政権によるイラク攻撃開始の予感が強まる頃で、人類最初期の詩の主題が戦争だったことを太古の戦跡の上で顧みつつ、人間の歴史が戦争の歴史でもあったという苦さをかみしめた。

その後、イラクを攻撃した米国がその根拠としていた大量破壊兵器が存在しなかったことが明らかになる。六〇年代のベトナム戦争も含め、戦後、米国は暴走を繰り返してきた。これら、多くの他国民の生命を奪い、人権を蹂躙し続けたことを十分に省みようとしない国と、軍事的な同盟を一気に深めようとする自・公政権の動きには深い懸念を覚える。

あの七十年前の焼け跡で、多くの人が「二度と繰り返してはならない」と誓ったはずの戦争の影が、俄然濃くなった。

この今の時代を、未来の人々が「戦間期」、あるいは「戦前」などと呼ぶ日が来ないことを念じたい。

人類と戦争について、英国の小説家ジョージ・ギッシング（１８５７〜１９０３）が述べている。彼は、十九世紀の末に南イタリアを旅し、長靴の形に譬えられる半島の爪先にあたるレッジョで、ブルボン王朝と戦って倒れた青年兵士の名を刻んだ石板を見る。この、地中海の要衝の地の過去を顧み、古代ローマの時代から繰り返し争乱の舞台となってきたことに思いを致して記した。

――過去のあらゆる時代がそうであったように、これから先いつまでも、人間は同胞を支配したいと願い、大地は老若の血で赤く染められるであろう。「祖国」という聞えのよい美しい言葉は、虚妄となり呪《のろ》いとなっている。「文明」という名の見かけ倒しの近代化とぐるになったその言葉は、現代の野蛮主義の口実の役割を果し、上品な衣の下で平然と貪欲《どんよく》の限りを尽す。

『南イタリア周遊記』（小池滋訳　岩波文庫）

このギッシングの「予言」は、残念ながら当たり続けてきた。彼が没して十年ほどで、初の世界大戦が勃発する。

戦場の塹壕の中で、イタリア軍の青年兵士ウンガレッティがつぶやく。

海へ出て
ぼくは
そよ風の
柩《ひつぎ》に入った

（第四章）

第一次大戦の終結からわずか二十年ほどの「戦間期」の後に、ヒトラーのナチス・ドイツが二度目の世界大戦を引き起こす。

イタリアからロシア戦線に送られた若い兵士と妻の悲話を描いたデ・シーカ監督の映画「ひまわり」に、忘れ難い場面がある。遙か異郷の地で命を落としたイタリア人らの墓標が延々と立ち並ぶ丘に、ロシアの詩人・スベトロフの詩という碑文がある。

ナポリの若者よ
なぜ君はロシアの野に来た
故郷の海に飽きたのか――

強制収容所で没したルーマニアの少女ゼルマが書き遺す。

遠くのポプラがくりかえし手をふっている。
わたしは生きたい。
わたしは笑い、重荷をふりはらいたい、
そして闘い、愛し、憎みたい、
そして両手で空をつかみたい、
そして自由になって、呼吸し、叫びたい。　（第六章）

原爆の投下で第二次大戦は終り、広島で被爆した原民喜が、その日・その時を記す。

遠き日の石に刻み
　砂に影おち

崩れ墜《お》つ　天地のまなか
一輪の花の幻　　　　　　　　　　（第七章）

人間と核爆弾について、ハンガリー生まれのイギリスの作家アーサー・ケストラー（１９０５～８３）は、こう述べた。

有史、先史を通じ、人類にとってもっとも重大な日はいつかと問われれば、わたしは躊躇なく一九四五年八月六日と答える。理由は簡単だ。意識の夜明けからその日まで、人間は「個としての死」を予感しながら生きてきた。しかし、人類史上初の原子爆弾が広島上空で太陽をしのぐ閃光を放って以来、人類は「種としての絶滅」を予感しながら生きていかねばならなくなった。

『ホロン革命』（田中三彦、吉岡佳子訳　工作舎）

アインシュタイン（１８７９～１９５５）は、ルーズベルト米大統領に原爆の開発を勧める手紙に署名したことを、戦後深く悔いていた。

――第三次世界大戦がどのようにおこなわれるかは私にはわからないが、第四次世界大戦で何が使われるかはお教えできる。石だ！

『アインシュタインは語る』（林一、林大訳　大月書店）

＊

人間、誰しもが遁《のが》れ得ない事どももまた、変わらずに詩の主題になり続けてきた。その筆頭には「時《とき》・時間」が挙げられる。この、どうにもならない苛烈な座標軸の上で全ては進み、止めることも戻すことも出来ない。古今東西の詩人らも、その速さ、苛酷さや「無常」を歎き、怖れ、また抗い、惜しみ、受け容れて来た。

時劫《とき》は万象《すべて》を拉し去るもの。
悠久《ひさしき》にわたる時間《とき》は変ぜしむ
名称《な》も形象《かたち》も本性《さが》も、して運命《さだめ》をも。
プラトーン
『ピエリアの薔薇――ギリシア詞華集選』（沓掛良彦訳　風の薔薇）

花さうび、
花のさかりは
ひとときか。

過ぎされば、
尋ぬれど
花はなく、
あるはただ茨《いばら》のみ。

――読人しらず
『ギリシア・ローマ抒情詩選』（呉茂一訳　岩波文庫）

寿《いのちなが》ければ則ち辱《はじ》多し

「荘子」（天地編）

誰にもそれぞれ定まった、日は厳として存在し、
万人それぞれ命《いのち》ある、時間は短く、取りもどす、
ことは一切できぬもの

ウェルギリウス（第一章）

盛年不重來　盛年《せいねん》重《かさ》ねて来《きた》らず、
一日難再晨　一日《いちじつ》再《ふたた》び晨《あした》なり難《がた》し。

及時當勉勵　時《とき》に及《およ》んで当《まさ》に勉励《べんれい》すべし、
歳月不待人　歳月《さいげつ》は人《ひと》を待《ま》たず。

陶淵明　（第一章）

ではいったい時間とは何でしょうか。だれも私にたずねないとき、私は知っています。たずねられて説明しようと思うと、知らないのです。

『アウグスティヌス』（責任編集・山田晶　中央公論社）

天地は万物の逆旅にして
光陰は百代の過客なり
浮生は夢の若し

李白　「春夜桃李園に宴するの序」

移り行く時見るごとに心いたく
昔の人し思ほゆるかも

大伴家持

「万葉集」（第二章）

年年歳歳花相似　　年年歳歳　花相似たり
歳歳年年人不同　　歳歳年年　人同じからず

劉廷芝（第二章）

花の色はうつりにけりな徒に
わが身世にふるながめせしまに

小野小町

「古今集」（第二章）

ただ過《す》ぎに過《す》ぐるもの　帆《ほ》かけたる舟《ふね》。人の齢《よはひ》。春《はる》、夏《なつ》、秋、冬。

「枕草子」（第二章）

あゝ、脚《あし》早き「時」よ、汝が欲する如何《いか》なる事をもなせ、
廣《ひろ》き世界の、やがても衰《おとろ》へゆくべき諸《もろ》ろの美に対しては。
──
さばれ老いたる「時」よ、如何に汝が最悪を行《おこな》はむとすとも、
わが愛友はわが詩句《しく》の力によりて長永《とこしなへ》に若く生きむ。
──

残暴《ざんぼう》なる「時《とき》」が、彼《か》の「衰頽《すゐたい》」と共謀して、
穢《きたな》き夜《よる》と化《くわ》せしめむとするを目前《もくぜん》に見えしむ。

シェークスピア「詩篇」（第二章）

月日《つきひ》は百代《はくたい》の過客《くわかく》にして、行《ゆき》かふ年も又旅人《たびびと》也《なり》。

芭蕉（第三章）

遅き日のつもりて遠きむかしかな

蕪村（第三章）

ファウスト　手を打とう！
わしが瞬間に向かって、
とどまれ、おまえは実に美しい！　と言ったら、
きみはわしを縛りあげてよい。
その時はわしは喜んで滅びよう！
その時はとむらいの鐘がひびくがよい。

——

わが享《う》けし土地の　美しさ　広さ　果てしなさ！
　時こそわが所有の地　時こそわが耕《たがや》す畑

ゲーテ（第三章）

底知れぬ海よ！　歳月はおまえの波なのか
「時」の海よ　おまえの深い悲しみの波は
人の世の涙で　あまりにもにがい！

シェリー（第三章）

おお苦しさ。この苦しさ。時が命《いのち》を啖《くら》ふのだ。
そして陰鬱な仇敵は　俺たちの心臓を蝕《むしば》んで、
その失つた血を啜《すす》り、育つて力が強くなるのだ。

ボードレール（第三章）

若さはさながら煙のごとし、立ち昇れば再び立ち返ることはない。
——東アフリカのことわざ
『カンガの教え』（アリアドネ企画）

ヴェルシーニン　わたしはよくこう思うんです。もし人生を最初から、それも自覚してやり直せたら、どうだろうって？　これまですごしてきた人生が、言うなれば、下書きで、もう一つの人生が清書だとしたら！

チェーホフ（第四章）

空を劃して居る之を物といひ、時に沿うて起る之を事といふ、事物を離れて心なく、心を離れて事物なし、故に事物の変遷推移を名づけて人生といふ――

夏目漱石（第四章）

――私がかつて知った現実はもはや存在してはいなかった――そして、家々も、道路も、大通も、逃げさってゆくのだ、ああ！　年月とおなじように。

プルースト『失われた時を求めて』（井上究一郎訳・ちくま文庫）

私は遅刻する。世の中の鐘が鳴ってしまったあとで、私は到着する。私は既に負傷している。

菱山修三「夜明け」

我々は常に何かとともにあったのでそれを我々は時間と呼んでいる。

吉田健一『時間』(講談社文芸文庫)

そのつもりはなくても、
川はいつか
海に達し、
人間はやがて
死の床に達する。

オーデン (第六章)

公園で遊んでいて　ぼくが投げたボールは
まだ地面に落ちていない

ディラン・トマス (第六章)

朝顔の紺の彼方の月日かな

石田波郷 (第六章)

ひとつの沈黙がうまれるのは
われわれの頭上で
天使が「時」をさえぎるからだ
田村隆一（第七章）

そして田村は、こうも詠んだ。

――時が過ぎるのではない　人が過ぎるのだ

四千年に及ぶ詩の世界を辿ってみて、改めて、人とは「時の旅人」だと感じられる。この、「時」という乗り物の苛烈さを慨嘆する詩句は数限りない。一方で、時は熟成や醗酵を齎し、辛苦をやわらげ、癒すような類い稀な力をも併せ持っている。時そのものを主題としたものだけではなく、時の流れ、移ろいにまつわる詩句も連綿と続いてきた。

――生　命　老　若　病　死
歳月　四季　刹那　永遠　邂逅　離別　遍歴……

時と同じく、生ある限り遁れ得ない様々な感情もまた、古代以来、東西の叙情詩の中核を成し続けている。

——愛　憎　嫌　恋　喜　怒　哀　楽　悩　祈　憂……

身近にある自然や生き物たちから、遙か遠くの天体・宇宙までも、変わらずに詩の主題になり続けてきた。

——天　星　日　月　空　水　雲　地　草　木　海……

これらのほかに、自分自身や人間存在、人間関係への省察、探求といった哲学と重なることどももまた、古《いにしえ》の世から、変わらずに詩の主題となり続けている。

まことに、この地上に息づき、蠢《うごめ》き歩くかぎりの生類《しょうるい》、
全《すべ》ての中にも、人間ほど憐《あわ》れに惨《いたま》しいものはない——

ホメーロス（第一章）

はかない定めの者たちよ！　人とは何か？　人とは何でないのか？　影の見る夢
——それが人間なのだ。

ピンダロス（第一章）

不思議なものは数あるうちに、
人間以上の不思議はない、
波白《しら》ぐ海原をさえ　吹き荒れる南風《はえ》を凌《しの》いで
渡ってゆくもの、四辺《あたり》に轟ろく
高いうねりも乗り越えて。

ソフォクレス（第一章）

古代ローマの喜劇作家・テレンティウスは、戯曲「自虐者」で登場人物にこう語らせている。

——私は人間だ。人間のすることは何ひとつ私にとって他人事とは思わない。

『ローマ喜劇集』（城江良和訳　京都大学学術出版会）

＊

ここからは、詩の世界で移り変わったものの方に触れる。
大きな変化としては、古代の「イーリアス」や「アエネーアス」のような長大な叙事詩が、近世以降には生まれにくくなったことが挙げられる。古代の叙事詩には、民族の起源や建国の経緯を記憶するための神話的な伝承を詩文化したという面があり、神々の存在が重きをなしている。中世の頃までの圧倒的な神・宗教の力に対して人間存在や現世の方に目を向けようとした十五世紀前後のルネサンス期が、詩の世界でも大きな転機となった。詩作も人間の営みである以上、人類の歴史の変遷を映すのは当然で、神々の威光や伝説的な英雄の偉業を詠う叙事詩から、人間・社会を詠う詩へと移り変わってゆくのは自然な流れだった。

ただ、この変化がルネサンス期になって突然に起きたとは思えない。例えば、第一章の古代ローマの詩人ユウェナーリスの項で述べたように、紀元後一～二世紀のローマ市民の営みと時代の相を批判的に詠った彼の詩にも、その兆しが伺える。

一般には、そうした詩は「諷刺詩」と呼ばれてきた。第一章で引用した『ローマ諷刺詩集』（岩波文庫）の訳者・国原吉之助氏の精妙な「解説」によると、諷刺詩の定義の一つは次のようだ。「社会の悪弊や個人の愚行を、憤怒と情熱で暴き、これを矯正《きょうせい》したいという真摯な意図から、毒舌、誹謗ばかりでなく機知、ユーモア、皮肉を駆使して、真実を語りつつ読者を笑わせる詩文学」

ユウェナーリスの詩もこれと重なるが、本書では特に、彼が時代の風潮を歎きつつ、ローマという都会と住民の姿を活写している詩句に注目した。そしてこのような、叙事詩でも叙情詩でもなく、その時《とき》・その時代の様《さま》・肖像を詠った詩を、仮に「叙時詩」と名付けてみた。「時」は、時間、時刻の他に、時代、年代、時世などの意味をも併せ持つからだ。その時代の社会事情や出来事を取り上げて評するという点では、近、現代のジャーナリズムの時評や諷刺的なコラムの先駆けのようでもある。

――なんとまあ、見上げるほど高い屋根から瓦が降ってきて、人の頭を打ち砕くことか。なんとまあひんぱんに、家々の窓から、ひびが入ったり、穴があいた陶器のうつわが舞い落ちてくることか。
――

現在、我々は長い平和のもたらす不幸を耐え忍んでいるのだ。戦争より残酷な贅沢が我々の上に重くのしかかり、征服された世界の人々に代わって復讐《ふくしゅう》をしているのだ。ローマから貧乏が亡びてしまった後は、私利私欲の犯す罪業や所業がことごとく居坐ってしまった。（第一章）

ユウェナーリスの生涯の細部は不詳だが、その詩は、彼が古代には稀な巨大都市ローマに身を置いていたからこそ生まれたと思われる。強大な軍事力によって版図を広げに広げた「世界帝国」の爛熟した首都で目の当たりにする退廃や放埒が、彼の詩想を掻き立てたのだろう。憤りをそのまま噴出させたような語り口は、詩情豊かとまでは言い難いが、その作は、後代の詩人らが、それぞれに身を置く街や都市の営み・肖像を詠う「叙時詩」の原型の一つになったと推測する。

前出の「解説」によると、ユウェナーリスは死後、ローマ人から無視されたらしい。帝都の退廃と貴族の堕落に対する彼の激しい攻撃は、市民からは疎まれたのではないかという。一方で、ローマに対する批判・弾劾は、帝国に迫害されていたキリスト教の側の作家らの共感を呼び、それは中世を通じて継承された。そして、ルネサンス以降はボッカッチョ、チョーサー、スウィフト、ルソー、ゲーテ、シラーなど、欧州の主だった国々を代表するような詩人、作家にも広く深く読まれてゆく。シラーは「いつでも生き生きと理想の満ちわたった心から流れ出てくる激情的諷刺」と評価したという。

大航海と宗教改革の時代を経て、市民革命や産業革命で近代化が更に進むと、人口の増加と集中によって各国に大都市が形成され、街路に群衆が出現する。

人は、都会の群衆の中に身を置くと、独りで居た時とは違う感覚に誘われる。無数の人々の大きな渦の中で、いわば「一分の一」から「無数分の一」の存在になる。それと引き換えに用意される夢も無数だが、その夢にまで辿り着く人は、無数ではない。

大都会の躍動感や活気、欲望、虚飾、格差、憂愁、疎外、迷路、匿名性等は、特に十九世紀以降の詩人・文人に霊感を与えてきた。それは、都会という複雑、巨大な人工の装置と、その無数の襞《ひだ》々に息づく人々の生=ライフとの交錯や交響が、多くの詩や小説の主題・テーマとなってゆく転機でもあった。

ディケンズ、ポーのロンドン。バルザック、ボードレール、ヴァレリー、エリュアールのパリ。ホイットマン、O・ヘンリー、フィッツジェラルドのニューヨーク。チェーホフ、ロープシンのモスクワ、ジョイスのダブリン、ベンヤミンのベルリン、マフフーズのカイロ……。

そして、漱石、鷗外や荷風、白秋、茂吉、啄木、光太郎、朔太郎、龍之介、賢治、中也らの東京。

ユウェナーリスやホラーティウスの「諷刺詩」を示すラテン語・サトゥラ（Ｓａｔｕｒａ）の原意は、「ごた混ぜ」あるいは「寄せ集め」だという。確かに彼等の詩にはそうした趣があるが、帝都ローマや後代の各国の大都市そのものが、膨大な「ごた混ぜ」や「寄せ集め」で成り立っている。近、現代の大都会が諷刺的な詩・文芸との縁を深めたのもうなずける。古代ローマの諷刺詩を一つの源とする叙時詩の流れは、近代以降の世界各国の「ごた混ぜ」の街々で多彩な「都会詩」や「都市文学」を生み出し、その流域を大きく広げてきたと思われる。

多くの現代人にとって都会とは、生まれる以前からそこに在り、そして在り続けている空気のような当たり前の存在である一方、不気味で奥の深い得体の知れない存在でもある。利便と不便、密集と孤独、整然と混乱、破壊と建設等々も「ごた混ぜ」になっていて、全貌を捕らえることは、一筋縄では行かない。

利器であって凶器でもある鵺《ぬえ》のような怪しさが嫌悪され、また逆に人を惹きつけても来た。そして、新奇さに装われた街並みも、一皮剥けば、古《いにしえ》の面影が現われる。人工の極みの街は、失われた貴重な自然への郷愁を募らせ、田園への回帰、希求を促す。

美しいだけの街が無いかわり、醜いだけの街も無い。

四千年に及ぶ人間の「詩のオデュッセイア」を顧みれば、都会が世界で共通の主題となってからは、まだ日が浅い。膨大な人の営みが重なり、時代を象徴する「都会」は、これからも、詩・小説を含む様々なジャンルの芸術・アートの主題や舞台となり、人々を省察や表現・表白へと誘《いざな》い続けることだろう。

第九章　詩は、時には……

ここ最終章では、改めて詩とは何かを考える。それは、言葉や文学から人間、世界に繋がることなので、答えに行き着く迄に風に吹かれてしまう予感もある。心もとなくて恐縮ながら、人生には、その問いの意味が良く分からない質問にも答えるような場面がある。これまでに触れてきた詩人、文人を含む先哲の見方も頼りの杖としつつ、道を辿ってみる。

まず、「詩」について、私なりに思い巡らせて浮かんできた文言、断章を列挙する。

・詩は、万物の有様《ありさま》を言葉によって映し出す「鏡」である。

・詩は、各《おのおの》の魂の故郷《ふるさと》への限りない「ダイビング」である。

・詩は、各の、内と外とに向けた「手旗信号」である。

・詩は、悠久の時と無窮の空との間《あわい》に翻る「旗」である。

・詩は、遙か彼方に超高速で静止する「天体」である。

・詩は、波に意味を洗われた言葉が打ち寄せる「渚」である。
・詩は、現実の世界に立ち現われた「波乱」である。
・詩は、現実との擦れ合いで生まれた「熱」である。
・詩は、「時の旅人」が歩を休める一脚の「椅子」である。
・詩は、「斜塔」である。
現実の方が傾いているので、詩が傾いて見える。

現実の方が傾ききった戦時や革命、天変地異、甚大災害に際しては、詩作の多くは緩み、スローガン化する。
・詩は、移ろいの兆しを知らせる「カナリア」である。
・詩は、「鐘」であり、詩人は鐘を撞く人である。

・詩は、注がれたビールの「泡」である。
そればかりでも、それ無しでも、満たされない。
・詩は、「おお」と「よ!」と「ような」の王国である。
・詩は、これまで一度も借り出されなかった本である。
・詩は、発見する。
そこに在るのに、見えていないものを、言葉にする。
そこに在るのに、感じていないものを、言葉にする。
・詩は、時代を映し、時代を照らし、
時には、時代を撃ち、貫き、超える。
・詩は、時には、時を止め、時は人を攫《さら》う。
・詩は、言葉の礫《つぶて》であり、呟《つぶや》きであり、

時には、煽《あお》る武器にもなる。

・詩は、時には、人の生の深奥までも映し出す。
詩よりも現実の方が詩的、という現実も、ままある。

・詩は、時には、権力や体制、権威、常識等に対して人間が示した抵抗、反骨、反俗、反逆や勇気の記憶となる。
ソフォクレスのアンティゴネー、プラトンのソクラテス、ユウェナーリス、ハイヤーム、ヴィヨン、ボードレール、ランボー、晶子、朔太郎、エリュアール、ロルカ、吉田一穂、小熊秀雄、金子光晴、吉本隆明、高銀、ボブ・ディラン、ジョン・レノン、金芝河……

勇気こそ地の塩なれや梅真白　　　中村草田男

ここまでに挙げてきた様々な「詩の特性」は、ある種の散文・小説や戯曲、随筆等にも通ずる所がある。文字・言葉による表現という共通性がある以上、領域の一部が重なり合うのは自然なことだろう。中でも古い歴史をもつ詩は、文学的な諸作物の最古層に息づいている懐かしい郷土のようなものかもしれない。遙かな昔に失われたようでいて、今もなお瑞々しい命を育む大地。それは、吉田一穂の詩論のタイトルで、それ自体が詩的響きを持つ「古代緑地」のような世界を連想させる。
また、必ずしも文字・言葉を用いない絵画や、彫刻、建築、あるいは音楽等に接しても、深い詩情を感じることがある。ジャンルを超えて心に響いてくる詩情というものを考える時、トーマス・マンが人間の魂の深部について述べた言葉が想起される。

——人間の魂の深部は、同時に太古でもあり、神話の故郷であり、生の根源的規範と生の原形が基礎を置いているところの、いろいろの時代の、あの泉の深部でもあるのです。

『トーマス・マン全集』（「フロイトと未来」高田淑訳　新潮社）

ここで、詩・文学と他の芸術との間柄を夢想してみる。

雲が
空気の建築
であるように
詩は
言葉の建築であり
言葉の音楽でもあり

絵でもあり
彫刻でもあって
そのどれでもない

詩は
音のない調べで
形のない絵で
姿のない彫刻でもあって
そのどれでもない

詩は
そのどれでもない

この上で、より詩に際立っている特性を挙げてゆくと――。

・詩は、時には、時間と場所を定めない。
時代や年月日、地名、人名も必須ではない。

いつ、どこで、誰が……という散文一般のくびきからは離れる。

・詩は、時には、論理を超えて物語る。

いわば、過去に備え、未来を顧みる。

本書の冒頭で、芥川龍之介の一行を引いた。

——人生は一行のボオドレエルにも若《し》かない。

遠い日に、この一行に惹かれつつ、次のように反応したことも述べた。

——ボードレールは一粒の米麦にも若かない。

芥川の一行を散文ないし警句とみれば、こうした理屈での反発もありだが、近年は、論理を超えた一行の詩とみる方に傾いてきた。人生とボードレールの一行とを天秤にかけるのは、現実や理屈の世界より、言葉で構築する詩の世界での方が相応《ふさわ》しい。この一行によって、人生と詩を同じ土俵に引き出して遭わせ、読む者に同意や反発、内省等を惹起させたことは、龍之介の詩心の「手柄」ともいえよう。

・詩は、時には、一行でも、一語、一字ですらも成り立ち得る。

例えば、あの一九六八年の「フランス・五月革命」のことを記憶する伝説的な一行の場合……。

——石畳の下は浜辺だった。

この一行の中の「石畳」や「浜辺」、あるいは「石」や「畳」や「下」「浜」、そして、「い」や「し」や「た」「み」「は」「ま」の一文字ですら、その字を見つめ、その音を聴いていると、微かな詩情が感じられる。

簡潔で鮮烈な原文の妙味もさることながら、物の姿・形を象《かたど》って面影を宿す絵画的な漢字と、それから生まれたしなやかにくねる仮名文字とが織りなす日本語の交響が、詩趣を一段と深めたと思われる。この日本語の持ち味が、和歌、俳句という世界にも極めて稀な短詩型の文芸がこの国に広まり、長く続いてきた理由の一つかも知れない。

第三章の芭蕉の項で触れたように、わずか十七文字の狭そうに見える俳句の世界だが、五・七・五の上五《かみご》の五字分だけでも、計算上の組み合わせは数億通りにもなる。それに、中七《なかしち》と下五《しもご》が加わった言語空間というものは、宇宙の如く広大無辺と言えよう。そして、その一語や一字が既に詩情を備えているとすれば、ある心情や情景を叙するのに必ずしも数多の文字・文章を連ねることもない。芭蕉、蕪村らの、宇宙との交感から人や自然の細やかな営みの機微までを縦横・自在にきっぱりと詠った句は、「一行詩」の潔い立ち姿を思わせる。

そして一行の詩は、当然ながら頭韻、脚韻などとも縁遠く、それらは、一句あるいは一首の中での言葉の響き・調べに包含される。

石山の石より白し秋の風　　芭蕉

漢字や仮名文字そのものが詩情を湛えていることを、ここで改めて認めたが、これは日本語だけに限ったことではないであろう。アルファベットでも、一つひとつの文字が、その背後にある様々なものや世界を想起させる。

例えば「E」は、東方、地球、英語、エネルギー、電子メール……

「M」なら、人間、お金、金属、質量、月、山、五月……

「C」では、コンピューター、炭素、光速、著作権……

この三つの文字を一行に結んだのが、アインシュタインの導いた方程式で、そこでは、エネルギーと物質と光とが詩的な出遭いを遂げている。

$E=mc^2$

これは、言語・国家・民族の境を超えて、世界が共有できる一行詩とも言えよう。

次に、先哲による「詩とは」「詩人とは」への答えを辿ってみる。

古代では、第一章で触れたプラトンの「詩人・神がかり説」と、その弟子・アリストテレスの「詩人・予言者説」が印象深い。「予言者説」に絡んでは、約二千年後の日本で交わされた、二人の文人の対話が、長く記憶に残っている。

三島由紀夫　芸術というのは、全部そういうふうに河原乞食で、なんだおまえは大きなことを言ったって死なないではないか、と言われると、ペチャンコですよ。

埴谷雄高　そうですか。僕は暗示者は死ぬ必要はないと思う。

三島　いや、僕は死ぬ必要があると思う。

埴谷　二十一世紀の芸術家は死ぬのではなくて、死を示せばいい。

「デカダンス意識と生死観」『凝視と密着』（未来社）

古代の日本では、第二章で引いた紀貫之による「古今集」仮名序の「やまとうたは、人のこゝろをたねとして、よろづのことのはとぞなれりける」という洞察が、現代にも通ずる普遍性を備えて光っている。

近世以降では、ゲーテやボードレール、ニーチェ、コクトーらの詩論に惹かれた。それらを含む幾篇かを、『世界の詩論』（窪田般彌・新倉俊一編　青土社）から引く。

・ゲーテ（独　1749～1832）

世界は大きくて豊かだし、人生はまことに多種多様なものだから、詩をつくるきっかけに事欠くようなことは決してない。しかし、詩はすべて機会の詩でなければいけない。つまり、現実が詩作のための動機と素材をあたえるのでなければならない――私の詩はすべて機会の詩だ。

・シェリー（英　1792～1822）

詩人たちはみんな、まるで自分たちは病人であり、世界全体が病院であるみたいに書いている――もともと誰でも不満を抱いているのに、その上他人をそそのかして不満をつのらせるのだ。これこそまさに詩の濫用だ。詩は本来人生の些細ないざこざをなだめて、人びとが世界や自分の境遇に満足するように仕向けるために与えられているのだ。

（「詩について」山下肇訳）

——詩人は、現在をあるがままにするどく見つめ、現在の事物が準拠すべき法則を見いだすばかりではなく、現在のうちに未来を見るのであって、彼の想念は、はるか後の世に咲きむすぶ花と実の萌芽なのである。

——詩はこのようにして、この世でもっとも善くもっとも美しいすべてのものを不滅にする。

（「詩の弁護」　森清訳）

・ユゴー（仏　1802〜85）

詩人は、ただ一つの手本のみをもつべきだ。それは自然である。ただ一人の指導者のみをもつべきだ。それは真理である。詩人は、すでに書かれたものをもって書いてはならない。自分の魂と心とをもって書くべきである。

（「オードとバラード」　松下和則訳）

・ボードレール（仏　1821〜67）

詩とは、人がたといほんのわずかでもじぶんの内部にくだりゆき、みずからのたましいに問いかけ、その熱情の思い出をよびおこそうとするならば、詩自体以外の他の目的をもたない。それは他の目的をもつことはできず、したがっていかなる詩も、詩を書くたのしみのためにだけ書かれた詩ほど、偉大で、高貴で、真に詩の名にふさわしいものはありえない。

（「E・ポオについての新しい覚え書」　平井啓之訳）

・ロートレアモン（仏　1846〜70）

——ぼくは憂鬱を勇気に、疑惑を確信に、絶望を希望に、悪意を善に、懐疑を信頼に、屁理屈を沈着冷静に、傲慢を謙抑に置きかえる。

——詩は嵐でもなければ、台風でもない。堂々たる肥沃な大河だ。

（「ポエジー」　渡辺広士訳）

・ニーチェ（独　1844〜1900）

——「詩人は嘘をつきすぎる」と本気で言う者があれば、それはもっともなことだ。——われわれは嘘をつきすぎるのだ。

われわれ詩人は、知識にとぼしいし、あまり学ぶこともしない。したがって嘘をつかざるをえないわけだ。

われわれ詩人のなかで、おのれのぶどう酒にまぜ物をしなかったものがあろうか？

——ところで、詩人なら誰でも信じている。草むらのなかか、さびしい丘に寝ころんで耳を澄ませていれば、天と地の間に存在する事物について、何かをつかむことができるということを。

こうして優しい感動に襲われると、詩人たちはいつも思う。自然がかれらに恋慕《れんぼ》しているのだ、と。

（「ツァラトゥストラはこう言った」　氷上英廣訳）

・コクトー（仏　１８８９〜１９６３）

真の詩人は、ポエジーに無頓着である。同じように園芸家は、薔薇を匂わせようとしない。彼は、薔薇にその頬と息とを完全にさせるような栽培法を施すだけだ。

一つの常套語を正しい位置においてみたまえ。それを洗濯してみたまえ。磨いてみたまえ。輝かせてみたまえ。ことばが初めに持っていたときの若さ、そのときのままの水々しさと、迸りとで、人の心を打つように。そうすれば諸君は、詩人の仕事をしたことになる。

余のすべては文学である。

（「職業の秘密」　佐藤朔訳）

第四章で、夏目漱石（１８６７〜１９１６）の文には、「論理」と「律動」と「詩情」との水際立った融合があると述べたが、とりわけ「草枕」には、詩作や詩人についての印象深い記述が繰り返し出て来る。あの有名な書き出しは、詩や絵画などの芸術が生まれる契機を鮮やかな寸鉄で示している。

智《ち》に働けば角《かど》が立つ、情《じやう》に棹《さを》させば流される。意地を通《とほ》せば窮屈《きゆうくつ》だ。兎角《とかく》に人の世は住みにくい。住みにくさが高《かう》じると、安い所へ引き越したくなる。どこへ越しても住みにくいと悟《さと》つた時、詩が生れて、畫《ゑ》が出来る。

四角な世界から常識と名のつく、一角《いつかく》を磨滅《まめつ》して、三角のうちに住むのを芸術家と呼んでもよからう。

詩人とは自分の屍骸《しがい》を、自分で解剖して、其《その》病状を天下に発表する義務を有して居る。

『漱石全集』(岩波書店)

漱石よりは四歳下で、第二次大戦が終わる直前に没したフランスの詩人で評論家のポール・ヴァレリー(1871~1945)が述べている。

——あらゆる人間のうちで、詩人は最も実用的な存在だ。懶惰《らんだ》、失望、言葉の不完全、変な目つきなど、――いわば、いちばん多く実用的な人間の欠点となり、弱点となり、じゃまとなり、損失となるものを集めて、詩人はその芸術によって、それになんらかの価値を付与するのだから。

『文学論』（堀口大學訳　角川文庫）

戦前に、ヴァレリーの「テスト氏」やランボーの「地獄の季節」等を翻訳して上梓した小林秀雄（１９０２〜８３）には、「現代詩について」と題する一文がある。

――僕は詩壇の事をよく知らないのである。そして僕の職業は文芸批評家という事になっている。詩壇の事をよく知らない文芸批評家などというものが一体何処《どこ》の国にいるか知らん。

――現代に於いて詩の衰弱という事は、恐らく世界的な現象だと言えるであろうが、今日のわが国の文壇ほど詩人が無力な文壇はあるまいと思う。批評家は現代詩に全く通じないで批評が出来る。文学とは小説の異名となっている。

『小林秀雄全作品』（新潮社）

彼が、このように詩壇を厳しく評したのは、二・二六事件が起きた一九三六年・昭和十一年だったが、その一世代前の明治末から大正にかけては、第五章で触れたような日本の詩歌・文芸の盛期があった。

白秋の「邪宗門」や啄木の「悲しき玩具」から、茂吉の「赤光」、光太郎の「道程」を経て朔太郎の「月に吠える」、犀星の「抒情小曲集」に至る時期で、五章では「百花繚乱の十年」と呼んだ。この「繚乱期」の後には、歴史に残る作は減る印象があり、賢治の「春と修羅」も、まだ広く知られてはいなかった。

大正末には関東大震災があり、昭和に入ってからは満州事変、五・一五事件など政治、社会の激動が続いた。

外国の詩壇では、エリオットやブルトン、オーデン、ロルカらの力作が生まれた。しかし、十九世紀の半ばから世紀末にかけてのボードレール、ヴェルレーヌ、ランボーらによる革命的な「詩の動乱の時代」ほどの衝撃は生まなかったようだ。

当時、欧州は第一次大戦で疲弊し、米国では経済の大恐慌が起こり、やがてヒトラーの政権奪取によって、世界は再びの大戦へと向かう。そして、日本も世界も未曾有の大喪失を体験した後、冷戦による世界壊滅の危機のもとで様々な詩が生まれてきた。

この、ざっと百年の間に、時代や詩・文学の世界での転変はあった。しかし、歴史の更に大きな流れの中でみれば、ルネサンスから大航海、産業革命に至る過程で、大革命を経験したフランスに起こったボードレール以降の「詩の動乱」の衝撃というものが極めて大きく、現今に至るまで、その影響下にあるように思われる。

次に、詩には不可欠の「言葉」について、詩人らがどう詠い、語ってきたのかを辿る。

▼エミリー・ディキンソン（米　1830～86）

ことばは死んだ
口にされた時、
という人がいる。
わたしはいう
ことばは生き始める
まさにその日に。

（第四章）

▼ホーフマンスタール（オーストリア　1874～1929）

言葉はこの世の最も美しいものの一つである——言葉は、眼には見えないが、絶えずわれわれの側にただよってわれわれが弾くのを待っている、不可思議な楽器のようなものだ。

『フーゴー・フォン・ホーフマンスタール選集』（富士川英郎訳　河出書房新社）

▼**パウル・ツェラン**（1920〜70）
旧ルーマニアに生まれたユダヤ系の詩人。第二次大戦中、両親は強制収容所で死亡、彼は労働収容所を体験する。戦後はパリに住んで詩作したが、セーヌ川に身を投げる。ドイツの「ブレーメン文学賞」を受けた際に述べた。

――もろもろの喪失のただなかで、ただ「言葉」だけが、手に届くもの、身近なもの、失われていないものとして残りました――詩は言葉の一形態であり、それゆえにその本質上対話的なものである以上、いつかはどこかの岸辺に――おそらくは心の岸辺に――流れつくという（かならずしもいつも希望にみちてはいない）信念の下に投げこまれる投壜通信のようなものかもしれません。

『パウル・ツェラン詩集』（飯吉光夫訳　小沢書店）

「言葉」については、田村隆一（1923〜98）の「言葉のない世界」も印象深い。

言葉なんか覚えるんじやなかつた
言葉のない世界
意味が意味にならない世界に生きてたら
どんなによかつたか

あなたが美しい言葉に復讐されても
そいつは　ぼくとは無関係だ
きみが静かな意味に血を流したところで
そいつも無関係だ

「帰途」

言葉のない世界を発見するのだ　言葉をつかつて
——
ウィスキーを水でわるように
言葉を意味でわるわけにはいかない

「言葉のない世界」
『現代詩読本　田村隆一』（思潮社）

詩の世界に限らず、言葉を使う表出・表現には、ある不可能性が付きまとっている。それは「言葉は現象ではない」ということに関連しているように思う。

例えば、「ビールが半分入ったコップ」と書いても、ビール入りのコップの存在を大まかに想像させるだけで、読む側に等しく同じ物体ないしは現象を想起させることはできない。外形的にせよ、モノの姿形をある程度正確に映し、時間的な変化の様子や音声をも駆使できる映像表現などとは異なる。説明の道具としての言葉・文章の限界を示している。しかし、見方を変えれば、映像にはならない姿形の無い世界を描いたり、読み手の想像力を喚起したりする道具として無限の可能性があることを示している。詩作とは、こうした言葉・文章の可能性・力を引き出し、磨き、生かす試みとも言えるだろう。

田村は、戦後二十年にあたる一九六五年に、大江健三郎（１９３５～）と対談している。テーマは「現代詩と現代散文との呼応について」だった。大江氏は、二十歳の頃からのオーデンへの傾倒や、田村の「言葉のない世界」の詩境への敬意を述べた上で、こう語った。

――小説家が逆立ちしても及びもつかないようなリズムを持っている人を、もっともいい詩人だと見なさなきゃいけない。

――小説家が詩に対したときに、小説家としては到底できないようなところへ深入りしていっている詩人、それを求める気持が僕にはあるわけです。

（『現代詩手帖』１９６５年７月号）

「詩によってしか描けない世界」への期待・希求は、半世紀を経た今も変わらないものと思われる。戦後の映画の世界で、言葉や詩を強く意識した作品を生んできたフランスの監督・ゴダール（１９３０〜）が、「詩的なもの」の根幹に触れるようなことを述べていた。

——わたしが求めているのは、もっともはかなく、もっとも脆く、もっとも活気ある形をした、決定的で不滅な何かなのだ。

ジャン・コレ『ゴダール』（竹内健訳　三一書房）

この「不滅な何か」が、佐藤春夫（１８９２〜１９６４）が次のように述べたことと通底していると、私には思われる。

君は、時あつて折ふし、ふと世情が淡くなつて己に執する心が去つたかのやうに見えたその瞬間に、或る名状しがたい情調——少くとも私には情調として現はれるが——それを「あゝ、それが古人の所謂さびしをりの気持であつたらう。ものゝあはれであつたらう」とさう言へばさうかとたとひおぼろげにでも思へるやうな、それを悲しいと言はうには喜ばしく、喜ばしいと呼ばうには悲しみであるやうな、一瞬かすかな縷々とした奇異な、それによつてしばらくは身も心も潔められるかのやうな恍惚、陶酔、或る場合には静かながら情念にさへ似通うた感じを、天地間非情の何物からでも感得した覚えが、君にかつて無かつたか。

『退屈読本』（冨山房百科文庫）

一時期、春夫との縁が深かった作家・谷崎潤一郎は、詩人と呼ばれることは希だが、次のような一行からだけでも、類稀な詩心が感じられる。

——世の中は美しいから、つぽである。

（「饒太郎」『谷崎潤一郎全集』中央公論社）

ゴダール、春夫、潤一郎と、表現の手立てやジャンルは違うものの、いずれも、詩・芸術や美の世界の達人ならではの言である。

ここで、詩と映像・映画や歌・音楽についても一言触れたい。

二十世紀は映像の世紀でもあった。写真、映画、テレビ、ビデオ等の視覚のメディアが急激に発達し、大きな市場を形成した。そこには、詩才のある人物も集った。さらに、二十世紀はラジオとレコード・CD、テレビを媒体とするポピュラー音楽の世紀でもあった。文字・言葉による表白・表現の場が、伝統的な詩、小説、戯曲等からこうした新分野へと大きく拡がり、詩才に富む人々の一部がそちらに向かった。ゴダールやディラン、レノンらは、詩の世界においても、それぞれの旗を高く掲げた。本拠は映画やレコード、テレビと現代的だが、言葉と音との融合という点では、古《いにしえ》の時代の吟遊詩人の姿を思わせる。

言葉を使った、もう一つの巨大市場となったのが広告・宣伝の業界だった。企業・団体の資金を基に連日吐き出される膨大な売り込みのコピー・文案や映像には、詩的な雰囲気を纏ったものもあって、詩のようなものの商業化やマスプロ・量産化、大量消費が進行した。

そして二十一世紀に至って、多くの人間が言葉や映像、音楽、情報と常に繋がっているパソコン・スマートフォンの時代になった。かつての、チャプリン映画の「黄金狂時代」や「殺人狂時代」になぞらえれば、今は「接続狂の時代」である。この時代の象徴的な人物像を透視すれば、その首や肩の辺りには、電話ボックスやステレオ、カメラ、テレビ、電算機、書庫、等々が纏わりついていて、常に何ものかと接続されている。

こうした時代にあって、伝統的な詩というものの重みは、一見小さくなったかのようだ。しかし、人間の詩的な営みの総体・総量というものは、それを明確に計る枡は無いにしても、大きく変わるとは思えない。この世の中が生易しいものではなく、切なく、ままならないものである限り、ジャンルを問わず、詩的なものへの希求は、これからも続くだろう。

そして、電子的な情報・データと常に繋がっている「接続狂の時代」にこそ、詩は、手ざわり感のあるメディア・媒体として、重みを増してゆくのかも知れない。

ここで、伝統的な詩の方に立ち戻り、一九九六年にノーベル文学賞を受けたポーランドの国民的な女性の詩人・シンボルスカの「詩の好きな人もいる」という一篇に着目する。洗いざらしの木綿を思わせる飾らない普段着のような言葉には、第七章で引いた菅原克己や、まど・みちお、岸田衿子の世界にも通ずる懐かしさを覚える。

▼ヴィスワヴァ・シンボルスカ（1923〜2012）

そういう人もいる
つまり、みんなではない
みんなの中の大多数ではなく、むしろ少数派
むりやりそれを押しつける学校や
それを書くご当人は勘定に入れなければ
そういう人はたぶん、千人に二人くらい

好きといっても——

人はヌードル・スープも好きだし
お世辞や空色も好きだし
古いスカーフも好きだし
我を張ることも好きだし
犬をなでることも好きだ

詩が好きといっても——
詩とはいったい何だろう
その問いに対して出されてきた
答えはもう一つや二つではない
でもわたしは分からないし、
分からないということにつかまっている
分からないということが命綱であるかのように

『終わりと始まり』(沼野充義訳　未知谷)

「詩とは?」への旅が、ようやくここで「命綱」にまで辿り着いたのか、あるいは振り出しに戻っただけなのか。判然とはしないが、「分からないという命綱」は、率直で力強い、頼れる一本の杖のように思われる。尤《もっと》も、彼女が書き記した「分からない」という文言の本当の意味までは、他人には計り知れない。「詩とは?」は、その問いの意味を極めるための永遠の疑問符なのかもしれない。

ともあれ、今回の四千年に亘る詩の世界の巡歴によって、詩が、洋の東西を問わず、言葉による表白の奥の深い手立ての一つであり、伝達や伝承の有力な媒体=メディアでもあったことを改めて感得した。本書で辿ってきた数百の詩人・文人の作や詩歌集からだけでも、有史以来の人類の知、情、意の滔々《とうとう》たる遍歴の詩《うた》・オデュッセイアの一端を賞玩できる。

これらの貴重な遺産は、静かに「潜伏」しながら、新たな発掘、発見者を常に待ち受けている。そして、こうした時空を超える芸術=アートにまではならなかった夥しい数の詩や詩のようなものもまた、太古から現今に至る人々が、それぞれの思いをそれぞれの「一行」に託そうとした「詩のオデュッセイア」として、貴いものではないかと思われた。

跋文

跋文

高橋郁男『詩のオデュッセイア』
旅してわかった、人類とは詩であったと！

佐相　憲一（詩人）

〈四千年〉と聞いて、長いと感じるか短いととらえるかは話題の前後関係によるだろう。

中華料理などで「三（四）千年の味」などと売り出しているのを見かける時、誇大広告だと感じて微笑みながらも、なるほど人間は食さねば生きていかれないから、文脈的に言わんとするところにうなずいたりもする。ホモサピエンスによって食べ継がれてきたものの原型は現在も生きているだろうと感じるからである。

一方で、戦争体験者のおばあさんと話している時に「もう七十年も経ったんだねえ」と聴くなら、まちが焼け野原だった鮮烈な記憶からの歳月は彼女の人生にとってはあっと言う間の感覚だろうし、聴いている若者の感覚で見ると自分が生まれるずっと前の遠い昔の衝撃的な事実という感じだろう。その話の直後に紀元前二十一世紀は縄文時代だったという話をすれば、もう途方もなく大昔の自分たちとはかけ離れた原始時代のこととしての想像が働くだろう。

このように、時間という目に見えないものの印象は大きく伸び縮みするものである。〈四千年〉は人類がすでに文明を築いていた頃からの時間であり、同時にまだ日本語が文字化されていなかった時代からの時間だ。共通の祖先であるアフリカのアウストラロピテクス時代からの数百万年を思えば四千年はつい最近かもしれないし、シャカやイエスやムハンマドが生まれるよりも遥か前だと聞けば気の遠くなるほど昔と感じられよう。

さて、いまここに、詩の歴史四千年の旅をしてきた人の本をお届けする。

四千年も詩というものが文字化されて読まれてきたということ、察すればさらに文字化されないもっと前にも詩らしきものを発していたであろうということ、そのこと自体におののきを与えてくれる本書であるが、著者が元新聞記者であることの独特の嗅覚も魅力であろう。こう聞くと、新聞記者だから社会歴史的なテーマの系列を追ったものだろうと予想する向きもあるだろう。ところがそれだけではないのである。この著者は本当に詩や文学そのものを愛していて、興味本位に題材だけで飛びつくような安易な視点ではなく、もっと深く人間そのものの探求の中に古今東西の詩をおいて、味読・鑑賞していくタッチなのである。逆説的な言い方になるが、つまりは本物の記者さんだということとだ。各種新聞を日々読むと、その記事の内容だけでなく、書いた記者の視点や筆力にも目が行く。この記事を書いた記者はそもそも人間をどのようにとらえているのか、そんな次元まで透けて見えることがあり、必ずしもどの記者にもすぐれた眼力や文章力があるわけではない。いまこの新刊本の著者は約四十年間、記者をしていたというが、そこで鍛えられ深めてきた人間洞察力と繊細な感じ方がこの本の中に濃厚に見てとれる。全国紙朝刊の看板コラム執筆までこなしていた人ならではと言えよう。それも現代政治経済の見聞考察記ではなく、著者来歴からは一見意表を突かれる「詩の人類史」なのである。

「それはまたたいそうなことをされましたなあ」「さぞかし難しい学術書風でしょうなあ」と思わず後ずさって敬遠されないうちに次のことを強調しておこう。

この本は、人間の心そのもののあり方を大きなスケールでエッセイ風の親しみ深い語りでたどった本である。詩が好きな人、歴史が好きな人、人間の心を探りたい人、地球の時空を意識する人、古今東西の社会と個のありようをたどりたい人、などにはとりわけおすすめの、読みやすい本である。現在のわたしたちがイメージするところのいわゆる行がえ詩のほかに、漢詩、和歌や俳句、小説家の言葉、さらにはフォークソングの詞まで並べて縦横無尽に展開した斬新な書である。しかも、それでいて、膨大な詩の遺産の中から抽出されたもののエッセンスは、さすがは記者をやっていた人だと感じさせるような、的確な構成を見せてくれるのだ。

「そんなに褒められると後が怖いよ」という恥じらいの声が著者から聞こえてきそうだが、なぜここまでわたしが絶賛し、読者におすすめするのかと言えば、九回にわたる文芸誌「コールサック」(季刊)への連載中、この独特の文章に、編集担当者としてだけでなく一人の詩文学愛好家としても熱く共感したのがわたし自身だからである。そして、毎号たくさん掲載する生き生きとした書き手たちの詩やエッセイ、評論、小説、短歌、俳句、書評などの中で、しめきり前に特別の期待感で続きの原稿を待ち望んだわたしは、たとえば文芸誌の表紙にも「高橋郁男『詩のオデュッセイア』」を特別に選んで明記したり、編集後記でもその連載の好評を熱心に伝えたのだった。本当に好評だったのである。くだけた調子でどんどん読ませていくうちに、いつしか深遠な人間哲学の領域にさらりと読者をいざなうこの旅は、とても快適な空の旅であった。連載が終わったらぜひともこれを一冊にまとめて世に記すべきだ、といち早く企み、しきりに著者をせっついたわたしであった。それだけの文学史的価値のある本ととらえている。

もちろん、わたし自身がこの連載の愛読者であったから、「もう終わりかよ、あと十回くらいやってよ」「ぼくの大好きな誰それの詩がないのは残念だなあ」などと心で悪態をついたりしたことも正直にここに告白せねばなるまい。この高橋郁男という人物の手にかければ、人類の詩の心はさらにずっと永久連載でもいいくらいに面白い流れを発見されるだろう、という途方もない期待感からであった。だが、読者諸氏がいま手にしているように、すでに九回の連載分にして恐るべき三八四ページもの分厚い書となったわけだから、結果的にこんな分量構成にも著者のカンの良さが幸いしたと言えよう。わたしが願望していた何十回もの長さになったならば、長大な文学全集のような本になってしまい、「コンパクトなかたちで気軽に読めてその実、深遠な味わいのユニークな本」という本書の魅力は実現しなかっただろう。この点、わたしは喜んで当初判断の負けを認めるのである。

芸能界ではないが、いわゆる「詩人ずれ」「文芸評論家ずれ」していないのが新鮮でいい。一流の記者だった人がひそかにずっと愛好してきた心の支えのようなもの、それが詩であった。だから、本書には研究に倦み疲れた専門家のペダンチックなごまかしや、空っぽの中身を隠す斬新ぶったハッタリなどが全く見られない。自らの人生と仕事の中でずっと胸に灯っていた詩へのひたむきな思い、戦後さまざまな人間模様を記者として目撃・体験してきたことに呼応するような複雑な心の理解、人類普遍のものへの真摯な問いかけと革新的な時空連関性の把握、そうした特性を生かしながら、著者の文体にはひたむきな人間探求心と詩への思いがにじみ出ている。学んだ大学も文学部ではなく理学部出身という。皮肉にも、そのようにこの世の現実を多く見つめてきたことが、この世の中にあの世も見てしまう文学的な感性の深みへと著者の内奥をすすませたのだろう。誰かその道の師匠にこうしろと言われて文学に入ったのではなく、精力的に日々生きることの歳月の積み重ねの中で人として切実に考えてきたことの深まりが、すなわち彼の文学だったのである。これこそ、脇道ではなく、生きることの本道だろう。そして、著者は四千年の人びとの詩の心と自らの生きた心を吟味している。わたしたち現代の読者を道連れにして。

文字化された詩の始まりとして記されているのは「ギルガメシュ叙事詩」の古代メソポタミアだ。イラン・イラク戦争、湾岸戦争、イラク戦争、と諸大国の打算に翻弄され侵略され、また独裁者の専横にも苦しめられて、泥沼の数十年を必死に生きてきたかの地の人びと。いま遠く日本で出版されるこの本が、最高の敬意をこめて「人類の最古の物語」を生んだ地として、ここから始められていることに考えさせられる。わたしはこの本を持っていって彼らに手渡したい。勝手に支配する外国軍のひとつとしてではなく、日本の巨大多国籍企業進出の営業ではなく、おかしくなってしまった世界関係の惨たらしいただ中で、人の来歴の壮大な文学物語の始まりの地への親しみをもって、そして平和を願う友好の心をもって、謹んでこの本を捧げたい。きっと著者も似たような思いをもっているだろう。無理にそこからというのではなく、歴史の皮肉がきいたものとしての事実の力で、この人類の詩の旅は、現代世界がめちゃくちゃに汚して混乱させた西アジアから始まるのである。象徴的な出だしであり、警鐘を鳴らすようでもある。

終わることのない詩の旅の、とりあえずの時系列案内のラストは戦後の世界的シンガーソングライター、ボブ・ディランである。アメリカの幻想が消え、世界戦争勢力としての米軍への批判が国内からも発せられるようになった時代、現代世界の人びとの不安を象徴するように、文学的な詞と親しみやすい曲と独特の歌唱及び演奏でヒット曲を生み出していった伝説の詩人だ。そうした時代背景の分析と共に、名曲「風に吹かれて」の解説が味わい深い。同時代に聴いて育ったという者ならではの批評に説得力がある。後の世代の者として後から聴いたわたしの好きな曲で補足するならば、ジミ・ヘンドリックスやブライアン・フェリーらのカバー盤も名演だった「ウォッチ・タワー」の象徴的な詩なども評価されてきたディランである。ビートルズと共に世界の現代音楽に巨大な影響を与えたボブ・ディランを、あえて人類の詩文学の旅の現代記述のトリに選んだ著者は、計算してか期せずしてか、メソポタミアで始めた記述をアメリカで終えた。言うまでもなく、現在に至る中東情勢に武力で関与してその悲惨さに重大な責任があるのがアメリカであり、キューバ危機やベトナム戦争当時からそうしたあり方に批判的なディランである。ここにもこの本の警鐘的な構成の批評力が発揮されているだろう。

もちろん、本書はこうした高度に政治経済的なものとの関連に特化した書物ではない。むしろ、多く展開しているのは、もっと大きな生命の視野と、繊細で敏感な人の心の揺れ具合への共感である。芸術そのものを何よりも大切にする古今東西の詩人たちの詩がたくさん紹介され、そこへの著者のまなざしも深い理解を見せている。何かの手段としてのみ詩を利用するのではなく、詩の鑑賞そのものを大切にしているのだ。そういうところにこの人の、本当に詩を愛好する心と、人間としての幅の広さを見るわたしであった。ボードレールの詩世界の画期性を強調しているところなど、非常に深い説得力がある。

そもそも森羅万象が詩の心によって表現されるのを待っているとするならば、それぞれのテーマの傾向を表面的に分類してレッテルを貼るのは、本来の詩の深いところの本質を見誤ることにつながるであろう。著者はそうした安易な分け方を慎重に避けて、詩というものが内包するさまざまな側面を大切に並べてみせる。人類の詩の旅のナビゲーターならそれが当然ではあるが、この役はそう誰にでもできるものではないだろう。やはり詩の傾向には好みがあり、どうしても片方が片方をけなして、詩論自体が極めて独断に満ちた排他的なものに陥る危険性がある。それをこの本が免れているのには、著者個人の幅広い文学愛好もあるが、加えて新聞記者をしていたということの客観視の訓練、記述のバランス訓練の力も作用しているような気がする。わたしは文芸誌の編集者として毎号の原稿やりとりをする度に、この著者の推敲を重ねた冷静さへの信頼感が増していった。意地悪に見れば、この人の詩論にはエキセントリックな華々しい魅力や、何か文学運動を主導し提唱していくような強烈なリーダーシップなどは感じられない。だが、こけおどしのような無理ある極論は結局、他方の極からの論に相対化されて、面白くはあっても詩の本質のダイジェスト的なものは望めないのである。むしろ、さまざまな方向性をもつ百家出そろった後の、もっと大きな視野の信頼に足る詩史が求められる現代であろう。そういう意味で、現代詩の世界の病理に染まっていない自由な立ち位置からのこの著者の詩案内には、ハッとさせる新鮮さがある。

本書の最終章に総括されている、著者にとっての「詩とは」から抜粋しよう。

〈詩は、万物の有様《ありさま》を言葉によって映し出す「鏡」である。
詩は、各《おのおの》の魂の故郷《ふるさと》への限りない「ダイビング」である。
詩は、各の、内と外とに向けた「手旗信号」である。
詩は、悠久の時と無窮の空との間《あわい》に翻る「旗」である。
詩は、遥か彼方に超高速で静止する「天体」である。
詩は、波に意味を洗われた言葉が打ち寄せる「渚」である。
詩は、現実の世界に立ち現われた「波乱」である。
詩は、現実との擦れ合いで生まれた「熱」である。
詩は、「時の旅人」が歩を休める一脚の「椅子」である。

詩は、発見する。
そこに在るのに、見えていないものを、言葉にする。
そこに在るのに、感じていないものを、言葉にする。

詩は、時代を映し、時代を照らし、
時には、時代を撃ち、貫き、超える。
詩は、時には、人の生の深奥までも映し出す。〉

（p334〜337より）

こうして並べてみると、これ自体が含蓄のある詩のようだ。世界の詩歌から著者がくみとったものは、詩の心の多面的なエッセンスであると同時に、人が生きていく上で切実に欲しているものの内なる眺望のようでもある。詩に心を支えられ、詩を愛してきた人の言葉は、詩論がすなわち自らの人間哲学であるような、そのような遥かな思いを伝えている。あらためてこうして予期しなかった来歴の人からの詩論を目にすると、現代の詩の世界にいる者としても、心洗われるような感動を禁じ得ない。世の中にはほかにも表現形態があり、もっとずっと目立って人気のある分野があるのに、新聞記者という現代社会の光と闇に肉迫する場をきわめてきた人が、ほかでもない、わたしたちの愛する〈詩〉の意義こそを、人間の心の歩みの根幹として熱心に論じている姿に敬意を覚える。同時に、これまで詩に縁のなかった広範な人びとに、人類の歴史への旅を通して詩の心を伝える画期的な書と言えよう。気さくなナビゲーターによるこの旅がきっかけで、詩へのいっそうの関心がひろまるといい。

あとがき・略歴

あとがき

人間は　どこから来て　どこへ行くのか
宇宙が　できる前には　何があったのか
時間は　いつまでも　永遠に　続くのか

遥か遠い、幼かったある日、こうした問いが浮かんできた時、人は詩の世界への入り口に立っていたのかもしれません。

そこから入り込んで、奥深くまで探求を続けてゆく人は稀で、多くは目の前の生易しくない現実に揉まれてゆくにつれ、その問いからは遠ざかっていきます。

私も、その大方の一人でした。長じて、仕事として選び、約四十年居た新聞社でも、生易しくない現実・社会の有様《ありさま》を取材、執筆して読者に伝えることが主眼でした。事実の把握と論理的な記述が求められる日々でしたが、私は、それに加えて、個々の事実・事象を透視したり普遍化したりして得られる象徴的な言葉・表現を探していました。物事をより深く、歴史に照らして把握したいと思ったからです。事件・事故といったひたすら事実関係を追う記事はともかく、人と時代の営みを描こうとする時には、次のような目標を立てていました。

詩人的発想　芸人的取材　職人的執筆
これを、少し言い換えますと――
発想は、現実や現象を透視して象徴的な言葉を見出す詩人の如く、自由に。
取材は、手口や技を尽くして相手の懐《ふところ》に入り込む芸人の如く、分け入って。
記述は、素材を活かして役に立つ品物に仕上げてゆく職人の如く、刻んで。

いずれも難題で、思うようには出来ませんでしたが、その時々に貴重な示唆を与えてくれたのが、人の生の機微や根幹を言い表そうと力を尽くした古今東西の詩人・文人たちの詩文でした。

そしていつかは、人類が表白してきた詩の世界とその軌跡を、太古から現今に至るまで、改めて辿ってみようと思うようになり、新聞のコラムを毎日書く仕事を終えてから少しずつ読み返し、二〇一〇年頃からは、手元でぽつぽつと綴り始めました。

そこに起きたのが、三・一一の大震災・原発破綻でした。私が生まれ育った東北・仙台の実家の辺りは、辛うじて津波を免れましたが、幼い頃に馴染んでいた太平洋岸の渚がことごとく壊滅して、多くの命が失われました。更に、爆発した福島原発から噴出した膨大な量の放射能によって数多の人々が故郷を追われ、人生を狂わされ、未来の時までをも奪われました。

地震・津波等の自然災害や、原発と社会の問題、パニック現象などは、記者の頃のテーマだったこともあり、岩手、宮城、福島の被災地を個人的に巡りながら取材、執筆を重ねました。その際、岩手に生まれ育ち、昭和の三陸大津波や自然災害に遭い、近代文明についても思索と詩作を重ねた宮沢賢治の視点を携えつつ現場に立ちました。そして、人類にとって未曾有の大震災の歴史的な意味を綴った『渚と修羅――震災・原発・賢治』を、宮沢賢治の精神を掲げて出版活動を続けてこられた「コールサック社」から、一三年に上梓しました。その後、詩の世界の巡歴と執筆を再開し、詩誌「コールサック」に、本書の元になる「詩のオデュッセイア――ギルガメシュからディランまで、時に磨かれた古今東西の詩句・四千年の旅」を九回連載、一五年の暮に擱筆しました。

四千年に亘る人間の詩業を辿ってみての思いは、主に第八、九章に書きましたが、わずか一行でも成り立ち得る詩は、人間の知・情・意の表出の手立てとして、これからも力を持ち続けるとの思いを新たにしました。多くの人々がインターネットやスマートフォンなどの電子情報・データと常に繋がれている「接続狂の時代」であればこそ、詩は、個々の手触り感を伝える貴重なメディア・媒体として見直されるようにも思われます。

詩は、人の生の本質を言葉で表すという厳粛な営みであると同時に、時間という苛烈な座標軸の上を歩みゆく人間・時の旅人が、その人生の並木道で一時《いっとき》身を休める一脚の椅子という面も併せ持っています。小説や戯曲、随筆といった文字を用いた文芸の最古層に息づく懐かしい郷土のようでもあります。

人類が生み出してきた詩句は、数限りなくありますが、本書に収めた詩文からだけでも、詩は、国家・民族を超えた人類共通の貴重な遺産だと実感できると思います。本書が、詩の世界に親しんできた方には再発見を齎《もたら》し、必ずしも親しんでこなかった方や年若い人たちにとっては、詩の世界へと誘《いざな》う入り口になるように願っています。

あの「金枝篇」で知られる英国の人類学者フレイザーが、こう述べています。

――この惑星の大きな自然的特徴と比較するなら、人間はつい昨日生じたものにすぎないし、その記憶は昨夜の夢にすぎない。

『洪水伝説』（星野徹訳　国文社）

確かにその通りで、宇宙現出からの百数十億年もの悠久の時の流れからみれば、人間の歴史は極めて浅く、短いものです。四千年の詩の遍歴・オデュッセイアもまた、「昨夜の夢」の記憶かもしれません。しかしながら、宇宙時間の中では一瞬とも言える昨夜の夢の記憶に込められたものが、いかに大きく、豊かで、重く、切ないかを、今回の巡歴によって改めて感得しました。

それを、本書で、共に味わっていただければ幸いです。

◇

末筆ながら、本書に出典として示した数多くの書籍や参照した本の著者、編者、訳者の皆様と出版社に、改めて敬意と謝意を表します。また、ギルガメシュの詩を粘土板に刻んだ氏名不詳の古代メソポタミア人をはじめ、「詩のオデュッセイア」に登場していただいたホメーロスから現今に至る東西の数多の詩人や文人、詠み手の方々にも、敬意と謝意を表します。併せて、詩文の引用の多くが、全文ではなく抄出になったことについて、ご海容をお願いする次第です。そして、本書の元となる連載を載せる場を供されたうえ、本書の版元となっていただいた「コールサック社」の鈴木比佐雄代表はじめ、連載から単行本化までの編集の要を担い跋文も寄せられた佐相憲一様や、座馬寛彦様たちスタッフの方々にも、深甚の謝意を表します。

二〇一六年八月

高橋郁男

高橋郁男（たかはし・いくお）　略歴

一九四七年　仙台市生まれ
一九七〇年　東北大学理学部卒業　朝日新聞入社
二〇〇〇年　東京本社社会部などを経て論説委員
　　　　　　コラム「素粒子」「天声人語」を担当

著書
『パニック人間学』（朝日新聞社）『東京時代――都市の肖像』（創樹社）
『世界 名画の旅』（共著　朝日新聞社）『天声人語・2004～07年』（朝日新聞社）
『渚と修羅――震災・原発・賢治』（コールサック社）

連絡先
〒一七三‐〇〇〇四
東京都板橋区板橋二‐六三‐四‐二〇九　株式会社コールサック社気付

ま

や

ら

わ

な

は

さ

た

人名・作品名索引

あ

か

石炭袋

高橋郁男『詩のオデュッセイア――ギルガメシュから
ディランまで、時に磨かれた古今東西の詩句・四千年の旅』

2016年10月9日　初版発行
著　者　高橋郁男
編　集　佐相憲一
発行者　鈴木比佐雄
発行所　株式会社 コールサック社
〒173-0004　東京都板橋区板橋 2-63-4-209
電話 03-5944-3258　FAX 03-5944-3238
suzuki@coal-sack.com　http://www.coal-sack.com

郵便振替　00180-4-741802
印刷管理　（株）コールサック社　製作部

＊表紙及び扉の写真　高橋一泉　＊装丁　奥川はるみ

落丁本・乱丁本はお取り替えいたします。
ISBN978-4-86435-266-6　C1095　¥1500E